반드시 오르는

아파트 보물지도

일러두기
- 본문에 사용한 지도는 카카오맵과 네이버지도임을 밝힙니다.
- 기타 자료의 출처는 해당 자료의 아래에 표시하였습니다.

반드시 오르는 아파트 보물지도

1판 1쇄 발행 2021년 6월 10일

지은이 김세민, 정은성, 이상수
펴낸이 김선숙, 이돈희
펴낸곳 그리고책(주식회사 이밥차)

주소 서울시 서대문구 연희로 192 이밥차 빌딩
대표전화 02-717-5486
팩스 02-717-5427
홈페이지 www.2bc.co.kr
출판등록 2003년 4월 4일 제10-2621호

본부장 이정순
편집책임 박은식
편집진행 조효진 ,김지원
영업마케팅 이교준, 백수진, 임정섭, 이가원
경영지원 원희주
교열 김혜정
표지디자인 이용석
본문디자인 김동규

ISBN 979-11-970531-8-4 03320

- 값은 뒤표지에 있습니다. 잘못 만들어진 책은 바꾸어 드립니다.
- 책 내용 중 궁금한 사항이 있으시면 그리고책(02-717-5486, 이메일 tiz@2bc.co.kr)으로 문의해 주십시오.

대한민국 아파트 실수요자를 위한

반드시 오르는 아파트 보물지도

그리고책
andbooks

머리말

후회 없는 아파트 투자를 위한 안내서

요즘 유행하는 웃픈 이야기 중에 '그때 그 3가지 중 한 가지를 샀더라면'이라는 말이 있다. 그때 삼성전자 주식을 샀더라면, 그때 비트코인을 샀더라면, 그때 강남의 아파트를 샀더라면….

물론 이 세 가지 모두 실행에 옮긴 사람도 있을 것이다. 하지만 당시에 할 수 있음에도 불구하고 관심이 전혀 없었거나, 가치가 떨어지면 어떻게 하지라는 두려움으로 매입하지 못했거나, 관심은 있었으나 정보가 없어서 투자 시기를 놓친, '그때'를 아쉬워하는 사람들이 많다.

멀리 갈 것도 없이 우리의 부모님들 세대 또한 투자 정보가 마땅치 않아 낭패를 본 경험이 있었을 것이다. 가족의 이사를 앞두고, 부모님은 목돈이 드는 목동아파트와 그에 비해 가격 부담이 덜한 서울 외곽의 나홀로 아파트 사이에서 고민했을 것이다. 대출을 받아 목동아파트를 선택했다면 다행이다. 하지만 대출이 부담스러워 서울 외곽의 나홀로 아파트를 최선의 선택이라 믿고 이사를 강행했다면 지금쯤 아마 후회와 아쉬움을 안고 살고 있을 것이다. 통계를 살펴보면 목동아파트는 지속적인 가격상승이 있었고, 서울 외곽의 아파트는 대중교통이 좋아졌음에도 불구하고 입지의 약점을 극복하지 못해 가격상승이 미미한 상태를 보이고 있다. 게다가 그때의 선택은 목동 유입에 실패한 가구의 자녀들이 목동의 교육 인프라를 누릴 기회를 놓치는 결과를 연쇄적으로 낳았다. 이것은 다방면의 정보를 확보하지 못한 상태에서의 투자 결정이 얼마나 큰 손해를 끼치는지를 여실히 보여주는 예이다. 우리는 부동산 투자를 위해 정확하고 확실한 정보를 획득하고 파악할 필요가 있다.

부동산 투자의 결과는 부모님 세대뿐만 아니라 우리 세대에도 여전히 진행되고 있는 현실이다.

"가격 차이도 얼마 나지 않았는데 왜 개포동아파트를 구입하지 않고 평형이 조금 더 큰 외곽의 아파트를 샀을까?", "세종시에 미분양 아파트가 그렇게 많았는데도 왜 사지 않았을까?", "그때 이곳이 아닌 그곳을 샀어야 했는데!", "가격이 지금보다 저렴했었던 그때 샀어야 했는데!" 등등 저마다 이유는 다르지만, 결국 부동산 매입 시기를 저울질하다 살 수 없을 만큼 높아진 가격이 된 지금에서야 '그때'를 아쉬워하며 현실을 개탄하고 있다.

아무리 인생이 후회의 연속이라고 해도 우리에게 조금 더 많은 정보와 정확한 지식을 주는 조력자가 있다면 조금 더 나은 삶을 살 수 있지 않았을까 하는 가정은 해볼 수 있다. 내가 한 선택이 좋은 성과를 가져오고 그리하여 삶을 윤택하게 할 수 있다면 우리는 선택을 위한 조력자로서 이 책을 참조해볼 필요가 있다. 만약 당신이 이미 이 책을 펼치고 있다면 당신은 후회하지 않는, 후회를 모르는 자산가의 자질을 가진 사람일 것이다.

책을 저술하는 동안에도 계속되는 부동산 가격의 상승과 더불어 각종 부동산 정책들은 언제나 뒷북 처방이라는 말로 언론의 지탄을 받는 지경에 이르렀다. 특히 부동산 정책은 전 국민의 실생활과 삶에 지대한 영향을 미치기 때문에, 더욱더 심사숙고하고 미래를 내다보는 선견지명이 필요하다. 하지만 단기처방에 급급한 정책만 발표하는 것 같아서 아쉬움이 크다. 앞서 2006년에 발간된 『부동산 보물지도』는 많은 독자들의 사랑과 호평을 받았다. 한강 조망권 아파트, 교통 호재가 있는 아파트, 재건축시장 등 당시 부동산 시장의 알짜배기 정보를 담았는데, 특히 재건축시장에 대한 정보는 현재 가격상승률이 훨씬 높게 형성되어 있어서 당시 책을 통해 내 집 마련 또는 부동산 투자까지 이어지는 독자들에게 조금이나마 보탬이 되었다는 사실에 상당히 감회가 새로웠다. 이에 대한 감사의 표현으로 부동산 정책과 외부환경에 따른 아파트 투자지역을 조금 더 상세히 알려 드리고자 이 책을 발간하게 되었다. 아파트를 처음 구매하거나 조금 더 나은 지역으로 이사하거나 혹은 투자가 목적일 때 상대적으로 더 나은 아파트를 선택하기 위해 이 책에서 다루어지는 내용들이 필수적이다.

1장에서는 부동산거래를 할 때 반드시 염두에 두어야 할 내용을 10계명으로 간략하지만 명확하게 정리하여, 초보자들도 쉽게 이해할 수 있도록 하였다.

2장에서는 각종 부동산 정책에 따른 아파트 분양권과 재건축 투자 시에 주의할 사항 등의 내용을 담았다. 부동산 정책과 긴밀한 관계가 있으므로 바뀐 정책으로 인하여 낭패를 보지 않도록 현재를 기준으로 정책의 변화를 설명하였다.

3장에서는 최근 아파트 공급분석과 입주 동향에 대한 분석으로 향후 몇 년간 공급 부족에 따른 아파트 가격상승을 예측하고 주목할 만한 아파트 선별요소를 제시하였다. 더불어 코로나19 이후 정책변화에 따른 아파트 시장을 전망하였고 수도권을 기준으로 지역별 대장 아파트의 입지, 교육, 교통, 환경 등의 외부분석과 향후 미래에 대한 가치분석을 통하여 아파트를 구매 또는 투자하는 자에게 객관적인 자료를 제공하였다. 재건축, 재개발지역 등의 단지에서는 구역상의 개발 호재, 특징, 장점을 설명하였다.

4장에서는 부동산에서 주요 호재로 작용하는 교통의 변화를 중심으로 저술하였다. 경험을 통해 어렴풋이 알고 있지만 더 높은 이해를 돕고자 지하철이 부동산 가격상승에 어떠한 영향을 미치는가에 대한 설명과 수도권을 중심으로 한 수혜 아파트들을 선별하여 정리했다.

마지막으로 5장에서는 한국부동산의 대표적인 특징인 주요 학군에 따른 단지를 소개하였다. 교육열이 세계에서 둘째가라면 서러운 한국사회에서 참고할 만한 단지들로, 급변하는 부동산 정책과 교육정책에 따라 학군 선택의 중요성과 이러한 변화가 어떻게 아파트 가격상승으로 이어지는지에 대한 내용을 담고 있다.

이 책은 지금도 새롭게 분양되고 있는 많은 아파트 중에서도 좋은 아파트를 선별할 수 있는 등대 역할을 해줄 것이다. 부동산 각 분야에서 실무경험이 풍부한 필자들의 실전 경험을 바탕으로 아파트 구매 또는 투자 포인트를 상세하게 알려주고 있다. 부동산 정책과 지역별 아파트의 입지, 환경, 교통, 학군 등을 분석을 통하여 좋은 아파트를 선별할 수 있도록 고심했다.

우리나라에서 경제적 자유를 위해서는 아파트만한 것도 없다고 생각한다. 실거주 목적이든 투자 목적이든 부동산의 환금성換金性이 가장 뛰어난 것은 바로 아파트이다. 다른 사람보다 일찍 깨닫고 외부환경이 뛰어난 아파트를 구매한 사람은 다른 사람보다 먼저 부富의 기회를 잡은 것이다. 모쪼록 이 책에서 강조하고 있는 주요 내용을 필독하고 당신도 경제적 자유를 누려 부의 기회를 잡기를 진심으로 기대한다.

공동 저자 김세민, 정은성, 이상수

차례

테마가 있는 아파트는 반드시 오른다
대한민국 아파트 보물지도

4장 남부럽지 않은 역세권 아파트를 마련하자 새로운 금맥이 흐르는 교통망 투자지도

학군 따라 아파트 가격이 오른다
교육 환경에 투자하는 학군 지도

PART 1

부동산 초보에서 고수까지
반드시 알아야 하는

부동산 거래 10계명

성인이 되어 적어도 한 번 이상은 하는 거래가 바로 부동산 거래다. 투자를 위해서든, 내 집 마련을 위한 거래이든, 아니면 전·월세 계약을 하든 이런저런 유형의 부동산 거래를 하게 된다. 각자의 사정에 따라 금액에 차이가 있지만, 소중한 내 재산의 대부분이 들어가게 되는 부동산 거래. 꼼꼼한 검토는 아무리 강조해도 부족하다.

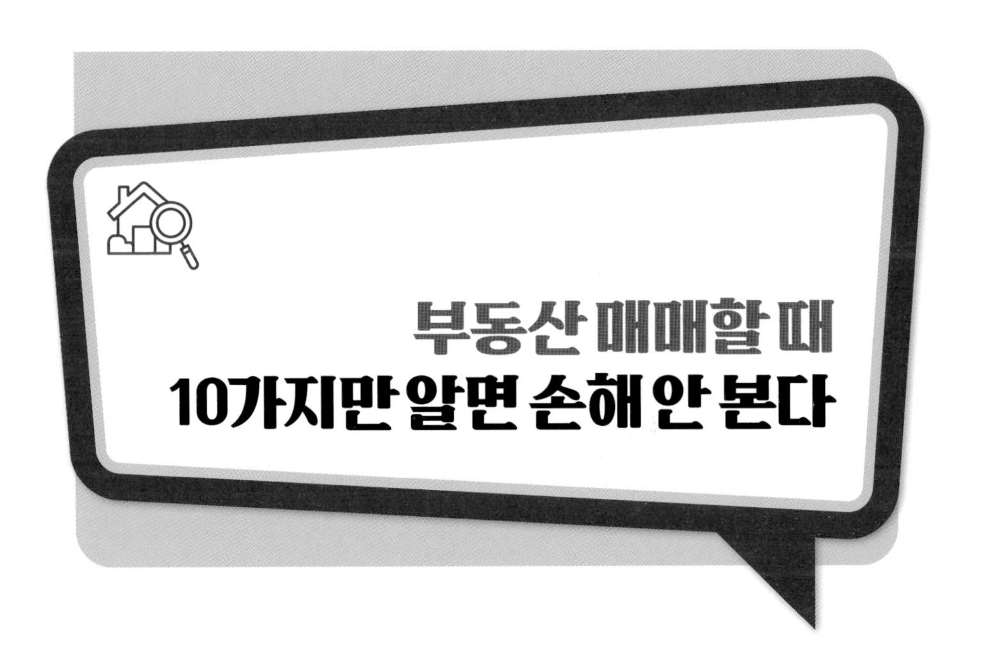

CHECK 01

부동산 매매 시 계약금을 주고받은 뒤 계약을 해지할 경우, 매도자는 2배의 위약금을 지불하고, 매수자는 계약금을 포기함으로써 계약을 해지할 수 있다. **아파트 가격이 급등하는 시기라면** 매도자가 위약금을 지불하고서라도 계약을 취소하는 경우가 생기기 때문에 **계약금 금액을 높이거나 중도금을 빨리 지불하는 것이 좋다.**

CHECK 02

실제 소유주와 계약을 해야 한다. 부부관계일지라도 신분증과 위임장이 있어야 한다. 아파트 관리만 위임했다고 부부 상대방이 주장할 경우에는 낭패를 볼 수 있다. 계약에 있어서는 부부라 하더라도 남이라고 생각하면 된다.

CHECK 03

아파트 매매 시 **아파트선수관리금**, 일명 관리비 예치금은 **매도인이 아파트 관리사무소에서 받고, 매수자가 새로 유치**하는 것이 일반적이다.

CHECK 04

관공서가 쉬는 날에는 되도록 계약을 피하고, **평일에 계약을 하는 것이 좋다.** 공휴일에는 계약에 필요한 서류 발급 및 확인이 힘들다는 점을 명심하자.

CHECK 05

매매가가 시세보다 과도하게 낮다면 더 주의하여 확인을 해야 한다. 부동산 시세는 KB은행 부동산 시세(http://nland.kbstar.com)와 국토교통부의 실거래가 조회(http://rt.molit.go.kr)를 통해 확인이 가능하다.

CHECK 06

부동산 구입 시 매매대금 외에도 **이사비용, 인테리어비용, 취득등록비용, 세금 등의 부대비용이 필요하다. 반드시 전체 비용을 감안해야 한다.**

CHECK 07

아파트가 아닌 **일반주택이라면** 등기부등본뿐 아니라 건축물대장, 토지대장, 지적도, 토지이용계획확인원 등을 발급받아서 **공부상 권리를 반드시 확인한다.**

CHECK 08

낮뿐만 아니라 **저녁시간에도 방문하여 인근지역의 소음과 야간조명 등을 확인한다.** 낮에는 안 보이던 것들이 저녁 때 드러나는 경우도 많다.

CHECK 09

부동산 매매 시 대출승계는 대출금리가 올라가는 추세에서는 긍정적으로 고려해 볼 만한 사항이다. 이때 **채권최고액과 실제 채무액을 은행을 통하여 직접 확인해야 한다.** 은행에서 채무인수조건과 승계조건이 되는지도 반드시 확인한다.

CHECK 10

전세를 안고 매입하는 **갭투자의 경우에는 임차인과의 전세계약서 사본과 각종 세금 완납증명서를 확인한다.** 또한 현재 거주하는 세입자에게 고지하여 전세금 및 전주인과 계약한 특약사항이 있었는지 다시 한 번 확인한다.

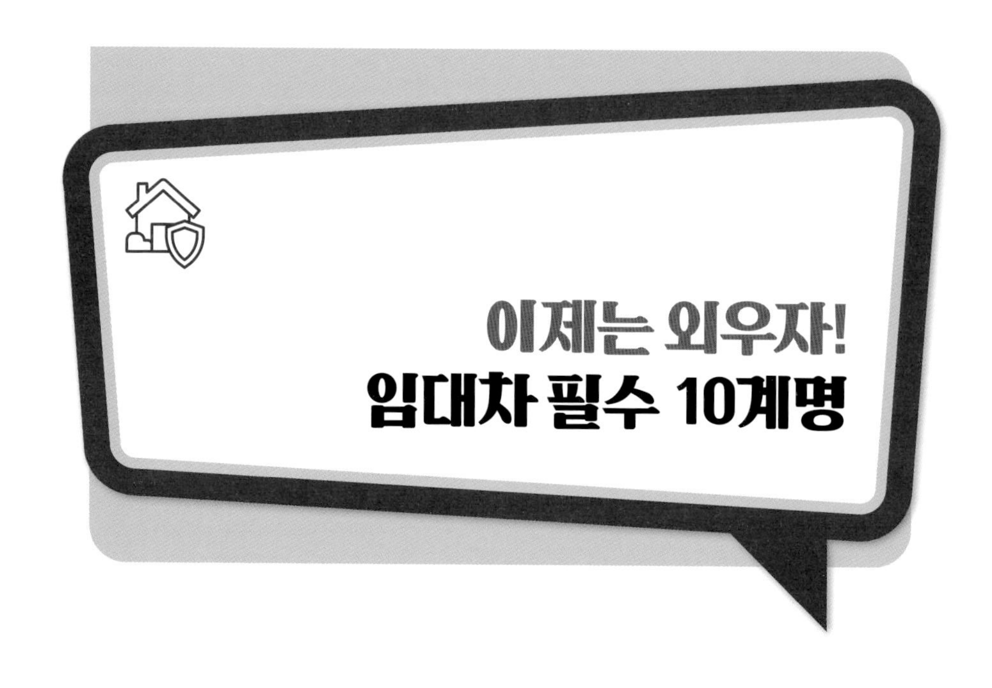

CHECK 01

등기부등본은 반드시 계약 당일 다시 한 번 확인하고 계약한다.

CHECK 02

전세계약은 반드시 집주인과 해야 한다. 대리인일 경우에는 인감증명서가 첨부된 위임장 첨부가 필수다. 본인이 아들인데 못 믿느냐며, 이렇게 못 믿을 거면 계약하지 않겠다는 등 강압적인 분위기에 휩쓸려 확인을 못하고 계약을 하는 경우가 있는데, 이럴 땐 절대 계약을 하지 말아야 한다.

CHECK 03

전세계약은 2년이 기본이다. 2년 동안은 소유주가 바뀌어도 임대차 계약은 유효하게 새로운 소유주에게 넘어가게 되므로 세입자는 당당하게 계약기간 동안 거주의 권리를 주장할 수 있다. 또한 임대차 3법이 발표되면서 임차인에게 유리하게 적용되는 부분이 많아졌다. 특히 전세 계약을 한 임차인이 계약기간을 더 연장해서 거주하고 싶다면 임차인은 임대인에게 계약갱신청구권을 행사할 수 있으며, 결국 '2년+2년' 동안 전세계약을 유지할 수 있다. 임대인은 실거주 목적 등 특수한 상황이 아니면 그것을 받아주어야 한다.

CHECK 04

전세금액의 보장을 위해서는 **전입신고와 함께 확정일자를 받아야 한다.** 전입신고와 확정일자는 주민센터에 신고할 수 있다. 전입신고는 계약기간 동안 집을 비우지 않아도 되는 권리를 갖게 해주며, 확정일자는 우선변제권(경매처분 시 낙찰대금에서 전세금을 돌려받을 수 있는 권리)을 갖게 해준다.

CHECK 05

계약만료 전 임대인은 만료 1~6개월 전까지, 임차인은 만료 1개월 전까지 통지를 해야 한다. 둘 중 한 명의 통보도 없으면 계약은 자동 연장된다. 이 경우 임대인은 계약의 해지가 불가능하고, 임차인은 별도의 해지 통보 후 3개월 후에 계약이 해지된다.

CHECK 06

도배나 장판의 교체는 전세는 세입자가, 월세는 집주인이 교체해주는 것이 일반적이다. **구두상으로 합의된 부분은 반드시 계약서상 특약사항으로 작성**하는 것이 좋다. 주택 수리비의 부담 문제, 열쇠의 교체 문제 등 사소한 것도 충분히 상의하여 계약서에 기재해야 향후에 분쟁을 방지할 수 있다.

CHECK 07

전세보증보험을 반드시 활용하라. 보증보험의 최대 문제점이었던 임대인의 동의 부분이 2018년 2월부터 변경되어 임대인의 동의 없이도 가능해졌다. 전세보증보험은 주택도시보증공사의 보증상품이다. SGI서울보증보험, 위탁은행과 위탁공인중개사에서 가입할 수 있다.

CHECK 08

전세와 월세의 중간인 **반전세 계약 시 중개수수료는** 일반적으로 전세보다는 **월세계산법을 따른다.**

CHECK 09

다가구처럼 한 주인에 세입자가 많은 경우에는, 주택 매매가와 주택 세입자의 보증금을 확인해봐야 한다. **보증금이 매매가의 70%를 넘는다면 되도록 계약을 피하는 것이 좋다.**

CHECK 10

주택 하자 부분에 대해서는 계약서에 꼼꼼히 명시를 해야 한다. 그래야 계약 종료 시 본인의 책임 부분을 명확히 할 수 있다.

PART 2

규제와 공급 정책을 꼼꼼히 따져라

부동산 정책을 보면 미래가 보인다

대한민국 국민들이 가장 관심을 가지는 정책을 뽑았을 때 1, 2위를 다툴 정책이 바로 주택 정책일 것이다. 내 집 마련을 평생의 소원으로 하는 사람부터 부동산으로 재테크를 하는 사람까지, 전국민이 주택 정책에 관심을 갖게 되니 말이다. 정책 발표와 동시에 각종 언론에서는 정책이 경제 전반에 미칠 영향에 대해 분석을 하고, 장단점에 대한 기사들을 쏟아낸다.

주택 정책은 크게 부동산가격 안정화 정책과 투기억제 및 경기활성화 정책, 서민주거 안정 대책으로 나눌 수 있다. 사실 이러한 정책들은 문제가 생긴 뒤에나 내놓는 뒷북 행정인 경우가 대부분이라 '정책'이라기보다 '대책'이라는 단어가 더 적합하겠지만 말이다.

부동산 정책과 부동산 가격의 상관관계

우리나라에서 부동산 정책의 시초는 1967년 발표한 '부동산 투기억제에 관한 특별조치법'이다. 서울 및 부산 등 대통령이 정하는 지역을 대상으로 토지 양도 차익의 50%를 과세한 것이 시작이라고 할 수 있다. 이후에 나온 각종 정책들을 돌아보면 투기라는 단어가 심심치 않게 언론에 나올 땐 규제를 강화하는 정책으로 선회하고, 시장의 흐름과 경기활성화라는 단어들이 들리기 시작하면 규제를 완화하는 정책을 펼친다. 이와 함께 '역시 부동산은 불패'라며 주택담보대출이 급증한다. 그러면 다시 '가계부채 대책'을 또 내는 것이 지금까지의 일반적인 흐름이다.

좀 더 구체적으로 살펴보면 '건설경기 활성화 대책', '건설 활성화 방안', '부동산 시장 안정화 대책', '주택시장 안정화 및 서민주거 안정 대책' 등 우리나라는 1960년대 후반부터 지금까지 50여 년 동안 수많은 부동산 대책들을 시행해 왔다. 그 사이 부동산 경기는 가라앉음과 급등을 반복해 왔고, 이러한 변화의 흐름에 편승하지 못한 일반 서민들만 파도를 정면으로 맞으며 올라가는 아파트 가격에 한숨 쉬는 현실이 지속되고 있는 상황이다.

끊임없는 극약 처방에 내성이 생긴 부동산 시장

특히 정부는 수차례 정부정책을 발표했음에도 불구하고 시장의 반응은 부정적으로, 여전히 부동산 가격변동이 계속되고 있는 실정이다. 그동안 나왔던 정권별 부동산 정책과 아파트 가격지수의 상관관계를 다음의 표를 통해 살펴보자.

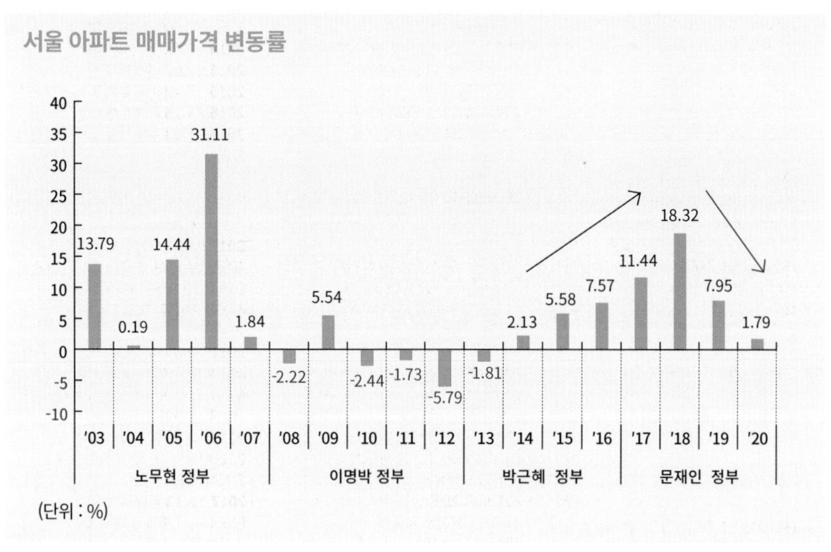

자료출처 : 부동산 114

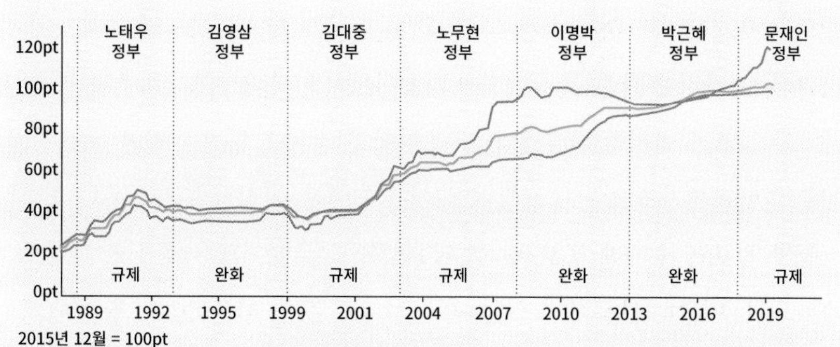

노태우 정부
토지 공개념 도입

- **1989.08.10** 토지 과다보유세 부과
- **1989** 공시지가제도 도입
- **1989.11** 분양가상한제 도입
- **1990.04.13** 부동산투기 억제대책
- **1990.05.08** 5.8부동산투기억제와 물가안정을 위한 대기업 비업무용 부동산 처분 조치
- **1989~1992** 토지거래전산망 구축

김영삼 정부
주택공급 확대

- **1993.08.12** 금융실명제 실시
- **1995.03.30** 부동산실명제 도입
- **1995.11** 일부지역 25.7명 초과 주택부터 순차적 분양가 자율화
- **1997.12.03** IMF 구제금융 신청
- **1998.02** 민간택지 분양가 자율화
- **1998.10** 수도권 공공택지 25.7명 초과 분양가 자율화
- **1999.01** 분양가 전면 자율화
- **1999.05.08** 공공택지 중소형 분양가 상한제, 공공택지 중대형 분양가상한제
- 채권입찰제 2007년 하반기, 분양가상한제 민간아파트

김대중 정부
외환위기로 인한 개방

- **1998.05.22** 주택경기 활성화 대책
- **1998.09.25** 건설사업 활성화 방안
- **1999.08.20** 건설 및 부동산 경기 활성화 대책
- **2002.09.04** 투기과열지구 LTV 60% 이내
- **2002.10.11** 전 지역 확대 LTV 60% 이내

노무현 정부
서민주의 의거 강력한 규제

- **2003.05.23** 분양권 전매 금지 수도권 전역 재건축아파트 80% 이상 시공 후 분양
- **2002.09.05** 투기과열지구 재건축 조합원 지분 전매 금지
- **2003.10.29** 종합부동산세 조기 도입, 1세대 3주택자 양도세 60% 중과, 투기지역 LTV 50%→40%
- **2005.06.30** LTV 60%→40%
- **2005.08.31** 투기지역 6억원 초과 시, DTI 40% 적용, 1세대 2주택 양도세 50% 중과
- **2006.03.30** 투기지역 6억원 초과 시, DTI 40%로 제한, 재건축 초과이익 환수제
- **2007.01.31** 투기지역, 투기과열지구 3억원 초과 시, DTI 40%

이명박 정부
경기부양 위한 규제 완화

- **2008.09.15** 리먼브러더스 파산
- **2008.11.03** 강남3구 이외 투기지역 해제
- **2009.07.06** 수도권 LTV 60%→50%
- **2009.09.04** 수도권 비투기지역 DTI 60% 적용
- **2010.08.29** 강남3구 제외 전지역 DTI 규제 은행권 자율화
- **2011.03.22** DTI 규제 부활
- **2011.12.07** 12.7 주택시장 정상화 및 전월세 지원방안
- **2012.05.10** 강남3구 투기지역 해제
- **2012.08.17** 30대 무주택 근로자, 은퇴자 DTI 규제 완화, 순자산도 소득으로 인정
- **2013.04.01** 4.1부동산 대책. 생애최초주택구입자금 연말까지 LTV 70%

박근혜 정부
경기부양 위한 규제 완화

- **2013.04.10** 생애최초주택구입자금 연말까지 DTI 은행권 자율 적용
- **2013.08.28** 8.28전월세 대책
- **2014.07.24** LTV 70% 일괄 상향 조정, DTI 60% 일괄 상향 조정
- **2015.04.01** 주택3법 시행
- **2015.07.07** 건축투자 활성화 대책
- **2015.07.22** 가계부채 종합관리방안
- **2016.08.25** 가계부채 대책
- **2016.11.03** 주택시장의 안정적 관리 방안

문재인 정부
서민의 주거안정 및 실수요자 보호

- **2017.06.19** 대출규제 조정대상지역 40곳으로 확대. 조정대상지역 LTV, DTI 각 60%, 50%로 축소 서울전역 입주 때까지 분양권 거래 금지
- **2017.08.02** 서울 전지역, 경기 과천, 세종시를 투기과열지구 지정 투기과열지구 LTV, DTI 각 40% 적용. 재건축 초과이익환수제 내년부터 시행
- **2017.10.24** 중도금 대출한도 축소 2018년부터 새로운 DTI와 DSR 단계적 도입
- **2017.12.13** 임대주택 등록시 양도소득세 중과세 배제 및 건강보험료 인하
- **2018.02.22** 재건축 안전진단 평가 구조안정성 비중 30→50%로 확대
- **2018.09.13** 종부세 세율 인상 및 세부담 상한선율 150%→300%로 상향 1주택자도 규제지역 내 주택구입시 원칙적으로 주택담보 대출 금지

자료출처 : KB국민은행 언론보도, 현대증권 재인용

위의 도표에서도 보듯이 전국의 주택 가격은 2001년을 기점으로 꾸준히 상승하는 추세를 띠고 있다. 특히 서울 아파트 가격은 2017년부터 가파르게 상승하여, 2018년 8월의 강남 아파트 가격지수는 폭등이라고 해도 무방할 만큼 하루가 다르게 가격이 상승했다. 현재 완만한 정체를 하고 있지만, 똑똑한 한 채를 외치면서 달려드는 수요들이 대기하고 있어, 가격상승은 더욱더 이어질 전망이다. 이러한 가운데 모 경제신문사에서 무주택자를 대상으로 흥미로운 설문조사를 진행하였다. 내 집 마련의 시기를 묻는 설문이었는데, 응답자의 44%가 정부의 부동산 대책을 보고 내 집 마련을 결정하겠다고 하였다.

44%에 해당하는 무주택자들의 선택은 과연 옳았다고 할 수 있을까? 과연 아파트 가격은 정책의 변화와 상관이 있을까? 무주택자의 희망처럼 부동산 정책의 발표에 따라 상승하던 아파트 가격이 하락하였을까? 안타깝게도 각종 지수와 그래프에서 나타난 대답은 'NO'이다.

시장은 쏟아지는 정책에 주춤할 뿐 물러서지 않는다

전체 아파트 가격은 아파트가 본격적으로 공급되기 시작한 1970년 동부이촌동 한강맨션아파트 준공 후에 잠시 정체를 나타낸 이후부터 꾸준히 우상향 곡선을 그리면서 상승을 계속해 왔다. 정책의 변화에 따라서 아파트 매매지수가 떨어질 때도 있다. 그러나 이 또한 잠깐의 정체만 보일 뿐, 언제든지 부동산을 둘러싼 환경변화에 따라 가격 상승을 준비하고 있을 뿐이다.

최근 정부에서는 강력한 규제를 담은 부동산 정책을 발표하여 시행하고 있다. 현 정부는 과거 참여정부와 비슷한 부동산 정책과 환경을 가지고 있다. 특히 시중의 풍부한 유동성과 서울 아파트 가격 상승, 이 두 가지 상황이 많이 유사하다. 현 정부의 주요 부동산 대책 내용은 다음과 같다.

년도	대책	주요내용
2017년	6.19 대책	• 조정 대상 지역 추가 선정 • 전매제한 기간 강화(강남 4구 외 21개구 민간택지 전매제한 기간을 소유권 이전등기 시까지로 강화) • LTV 및 DTI 요율 강화 - 조정대상 지역에 대해 규제비율 10%씩 강화 - 잔금대출 DTI 신규 적용 • 재건축 규제 강화(최대 3주택에서 2주택으로) • 주택시장 질서 확립(관계기관 합동 불법행위 점검 무기한 실시)
	8.2 대책	• 과열지역에 투기 수요 유입 차단 - 투기지역, 투기과열지구 지정 - 분양가 상한제 적용요건 개선 - 재건축·재개발 규제 정비 • 실수요 중심 수요관리 및 투기수요 조사 강화 - 양도소득세 강화 - 다주택자 금융규제 강화 - 다주택자 임대등록 유도 • 서민 위한 주택공급 확대 - 공공택지 확보 - 공적임대주택 연간 17만 가구 공급 - 신혼희망타운 공급 5만 가구 • 실수요자를 위한 청약제도 등 정비
2018년	8.27 대책	• 수도권 주택공급 확대 - 수도권 30만호 이상 추가공급 가능한 30여곳 공공택지 추가 개발 • 투기지역, 투기과열지구, 조정대상 지역 추가 지정 및 해제 • 투기행위 집중 단속 - 자금조달계획서 엄격 검증 - 세금탈루 행위 지속 조사 - LTV·DTI 규제준수 여부 및 편법 신용대출 등 집중점검 강화
2019년	5.7 대책	• 수도권 주택 30만호 공급방안에 따른 제3차 신규택지 추진계획 (고양 창릉, 부천 대장, 중소규모 택지 26곳)
	12.16 대책	• 주택시장 안정화 방안 발표 - 투기적 대출 수요 규제 강화 - 주택 보유 부담 강화 및 양도소득세 제도 보완 - 민간택지 분양가 상한제 적용지역 확대 - 청약 규제 강화

2020년	2.2 대책	• 투기 수요 차단을 통한 주택시장 안정적 관리 기조강화 - 조정대상지역 추가 지정 (경기 수원, 영통, 권선, 장안, 안양 만안, 의왕)
2021년	2.4 대책	• 수도권에 30만 호, 전국적으로 83만 호의 주택 공급계획 - 공공의 주도로 재건축과 재개발 사업을 활성화하기 위한 대책 - 정비사업 기간을 단축하고 공급을 늘리는 목적

투기과열지구 및 조정대상지역

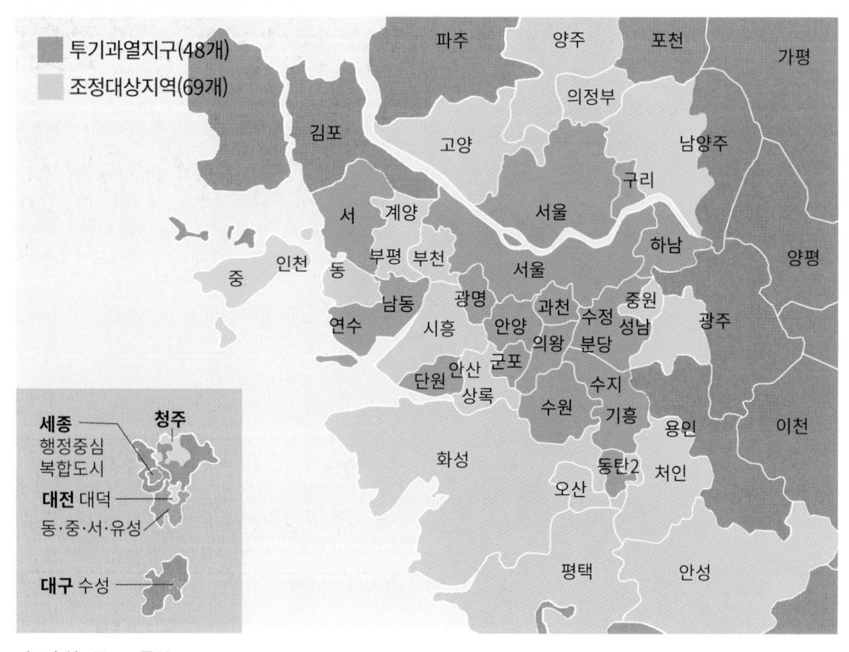

자료출처 : 국토교통부

특히 공급이 충분하고, 부동산 투기를 잡을 수 있다고 주장하면서, 계속적인 땜빵대책을 내세우다가 2020년 6월 17일에는 더욱더 강력한 규제 정책을 발표하였으나, 2021년에는 공급 대책으로 약간 선회하였다.

6.17 부동산 대책 주요 내용

규제 지역 확대	• 조정대상지역 44곳 → 69곳 (경기·인천·대전·청주 대부분) • 투기과열지구 31곳 → 48곳 (수원·군포, 인천·대전 일부 등)
토지거래허가구역 지정	• 서울 강남구 청담·대치·삼성동, 송파구 잠실동에서 주택 취득 시 구청 허가 필요 • 주택 취득 후 2년간 임대, 매매 불가능
갭투자 대출 규제	• 규제지역 내 주택담보대출 받는 경우 6개월 내 전입 의무 • 투기과열지구 내 3억 원 넘는 아파트 구입 시 전세대출 보증 제한
재건축 규제 강화	• 재건축 시 2년 이상 실거주한 조합원에게만 분양 허용 (수도권 투기과열지구만 해당)
법안 규제	• 주택 매매·입대사업자 주택담보대출 금지 • 법인 보유 주택에 대한 종부세율 인상, 6억 공제한도 폐지

자료출처 : 국토교통부

2.3 부동산 대책 주요 내용

공급부지 확보	• 2025년까지 전국 대도시에 83만 호 주택 공급부지 확보 (서울 32.3, 인천경기 29.3, 5대 광역 22.0만 호) • 주거뉴딜 추진을 통해 다기능 임대주택을 전국에 공급
개발이익 공유	• 사업제안 → 지구확정 → 부지확보 → 인허가 및 착공 • 개발이익을 공유하며 민간의 참여를 적극 유도함
투기수요 차단	• 대책 발표일 이후 권리 변동이 있을 경우 우선공급권 미 부여 • 우선공급권에 대해서는 전매제한 기간을 소유권이전등기까지 설정 • 사업 예정구역은 토지거래허가구역으로 지정

자료출처 : 국토교통부

대책은 계속되고 있지만, 시장의 유동성과 공급부족이 계속되는 이상, 당분간 부동산 가격의 상승은 이어질 것이다.

프리미엄 아파트는 따로 있다 아파트 투자 접근 방법

부동산 경기가 활황일 때에는 거품이 낄 대로 껴서 가격이 떨어질 것을 걱정하게 되고, 부동산이 불황일 때에는 지금 같은 불황에 아파트를 사는 것이 맞는가를 고민하게 된다. 그러므로 본인의 재정 사이클에 맞는 '시기'를 선택하는 것이 중요하다. 이러한 '시기'를 선택하고 나면 바로 '지역'에 대한 고민이 뒤따르게 된다.

어떤 지역에 어떤 아파트를 선택하면 후회없는 선택을 할 수 있을까? 대부분의 사람들은 자기가 원하는 모든 지역을 다 돌아다닐 수 없다. 물론 직접 가보지 않아도 각종 부동산 사이트에서 기본 정보는 알 수 있다. 그렇다 하더라도 직접 발품을 팔아야 한다는 점은 몇 번을 강조해도 부족함이 없다. 온라인에서 보여주는 정보와 현장에서 얻는 정보는 질적으로 다를 뿐 아니라, 발품을 팔아야만 보이는 것들이 많기 때문이다. 시기와 지역을 결정했다면 좀 더 세부적인 요소들을 고려할 때다.

주택가격을 결정하는 요인들

주택가격을 결정하는 데에는 많은 요인들이 복합적으로 작용을 한다. 우선 개별입지를 들 수 있다. 같은 아파트 단지 내의 같은 평수라도 위치와 층수 등에 따라 가격 차이가 많이 난다. 이른바 '로얄층'을 따지는 것도 개별입지에 따라 일조권, 조망권 등에 차이가 생기기 때문이다.

이러한 개별입지 외에도 더 큰 범주에 따라 아파트 단지 전체의 가격이 영향을 받게 된다. 많은 사람들이 말하는 '주택 프리미엄'이 대표적이다. 표준화되어 있지는 않지만 강, 공원 등을 볼 수 있는 조망권 아파트, 역세권 아파트, 재건축 아파트 등이 가격에 영향을 미치는 프리미엄 조건들이다. 그 다음 변수는 바로 사회적인 요인이다. 바로 지역 대표 아파트, 우수 학군 아파트 등이다.

기존 아파트 시세를 꼼꼼히 따져라
분양권 투자 접근 방법

'분양권'이란 한마디로 준공 후 입주할 수 있는 권리로, 이 권리를 매매할 수 있는 것을 말한다. 가끔 입주권과 혼동하는 경우가 있는데, 입주권은 재개발, 재건축 조합원들이 소유한 신축주택에 대한 소유권으로, 아파트 청약으로 당첨되는 분양권과는 다른 개념이다.

청약통장이 없을 때에는 분양권을 매입하는 것도 하나의 방법이다. 원하는 지역, 원하는 브랜드의 아파트를 선택할 수 있기 때문이다. 그러나 분양권은 프리미엄이 붙어 너무 비싸게 사는 것이 아닌가 고민을 하게 되고, 마이너스 프리미엄이 붙어있으면 가치가 없는 곳의 분양권을 매입하는 것은 아닌지 고민하게 된다. 분양권 매입 시 다음과 같은 점을 주의깊게 살펴보자.

1. 제한권리가 있는지 확인한다.

권리상의 하자(가처분이나 가압류 등)가 있을 수 있으므로 꼭 확인하고 매입해야 한다. 분양권에 대한 권리사항은 일반적으로 건설사를 통하여 확인할 수 있다.

2. 중도금 연체 사실을 확인한다.

중도금 연체 사실에 대해서는 분양계약서를 보고 간단히 알 수 있다. 하지만 분양금에 대한 정리가 지연되는 경우도 있으므로 반드시 건설사에 확인하고 연체 이자 부분에 대한 정리가 필요하다. 필요하면 계약서에 명시한다.

3. 비싸도 로열층을 선택한다.

로열층과 비로열층의 가격 차이는 입주가 가까워질수록 벌어지는 것이 일반적이다. 요즘 들어서는 더욱더 조망권에 대한 가치가 상승하고 있기 때문에 반드시 로열층을 매입한다.

4. 대표성이 높은 아파트를 선택한다.

지역별로 가격상승을 선도하는 지역대표 분양권이 있다. 이들 분양권은 불황기에도 가격 하락폭이 적고 호황기에는 가격 상승을 주도하므로 가능하면 대표성 높은 아파트의 분양권을 선택한다.

5. 기존 아파트 시세 변화를 파악한다.

분양권 시세는 기존 아파트 값의 영향을 많이 받게 된다. 일반적으로 팔려는 물량이 많은 비수기에 아파트 시세가 낮게 형성되는데, 이는 분양권에서도 마찬가지다. 따라서 물량이 많이 나올 때 구입하는 것이 좋다.

6. 브랜드 인지도를 고려한다.

현재 재건축 시장을 봐도 상위 10개의 건설사들이 거의 독점을 하는 구조이다. 앞으로는 더욱더 이러한 브랜드 가치가 미치는 영향이 커질 전망이다.

위의 6가지 사항들이 일반적인 분양권 투자 방법이라 할 수 있는데, 국토부에서는 2020년 8월부터 수도권 전역과 지방광역시 민간택지에서 공급되는 주택분양권 전매를 전면 금지함으로써 분양권을 사서 투자하는 방식은 이제 지역적으로 많은 제약이 있는 것이 현실이다.

현재 택지지구에서는 분양가 상한제가 시행되고 있는데, 가격이 급등하는 시기에는 이른바 '로또청약'이 발생하기 때문에, 전매제한 기간을 현행보다 더욱 길게 한다는 것이다.

2020년 8월 이후부터는 수도권 과밀억제권역, 성장관리권역, 지방광역시 도시지역의 민간택지에서 건설, 공급되는 주택의 전매기한이 기존의 6개월에서 소유권 이전등기 시까지 강화되어, 분양권 투자에 대한 어려움이 예상된다. 하지만 풍선효과로 인하여 규제대상 지역을 벗어난 곳에서는 아직도 규제를 피한 투자가 이어지고 있어, 분양권 투자는 확대되어질 것으로 예상된다. 따라서 실수요자들은 더욱더 입주 및 환경에 대해 고려한 후 내 집 마련을 하여야 할 것이다.

분양권매매는 다음과 같은 순서로 진행된다.

① 물건 확정 → ② 분양권 보유자 확인 → ③ 계약 → ④ 분양 계약서 작성 →
⑤ 실거래가 필증 발급 → ⑥ 건설사 명의변경

안정적인 투자 시점을 찾아라
재건축 투자 접근 방법

2020년 6월 17일 부동산 대책(도시 및 주거환경 정비법(도정법) 개정)으로 2년 이상 거주요건 적용을 받는 재건축 추진 단지는 90여 곳에 8만 가구가 넘는 것으로 추산되고 있다. 이 중 45개 단지가 서울 '강남3구'(강남·서초·송파)에 몰려 있다. 2020년에 재건축 조합을 설립하지 못한 단지는 6·17 대책에 따라 주택 소유주라도 '2년 실거주'해야 새 아파트 분양 신청 자격이 주어진다.

이미 2018년 3월 5일 이후로 '재건축 안전진단 강화'가 적용되면서 재건축시장에 큰 영향을 미치고 있는 상황으로, 과열된 재건축 시장을 단속하기 위해 내세운 '안전진단 강화' 제도는 준공 후 30년 재건축기한이 다 된 아파트 지역, 특히 목동, 신도시 등에서 큰 충격으로 받아들여지고 있는데, 가장 큰 변화는 안전진단 종합판정을 위한 평가항목별 가중치를 조정하였다는 점이다. 현재는 구조적 안전보다는 주거의 편리성과 쾌적성에 중점을 둔 주거환경중심평가(구조안정성 20%, 주거환경 40%, 시설노후도 30%, 비용분석 10%)를 통해 재건축 여부를 결정하였는데, 이제는 구조안정성 비중을 50%까지 상향조정(주거환경 15%, 시설노후도 25%, 비용분석 10%) 해야 한다. 또한 건축 안전진단을 받기 위해 다음과 같은 절차를 진행해야 하는데, 이 중에서 현지 조사는 공공기관이 같이 진행하고 조건부 재건축 판정이 나와도 이에 대한 적정성 검토를 공공기관이 다시 검토한다.

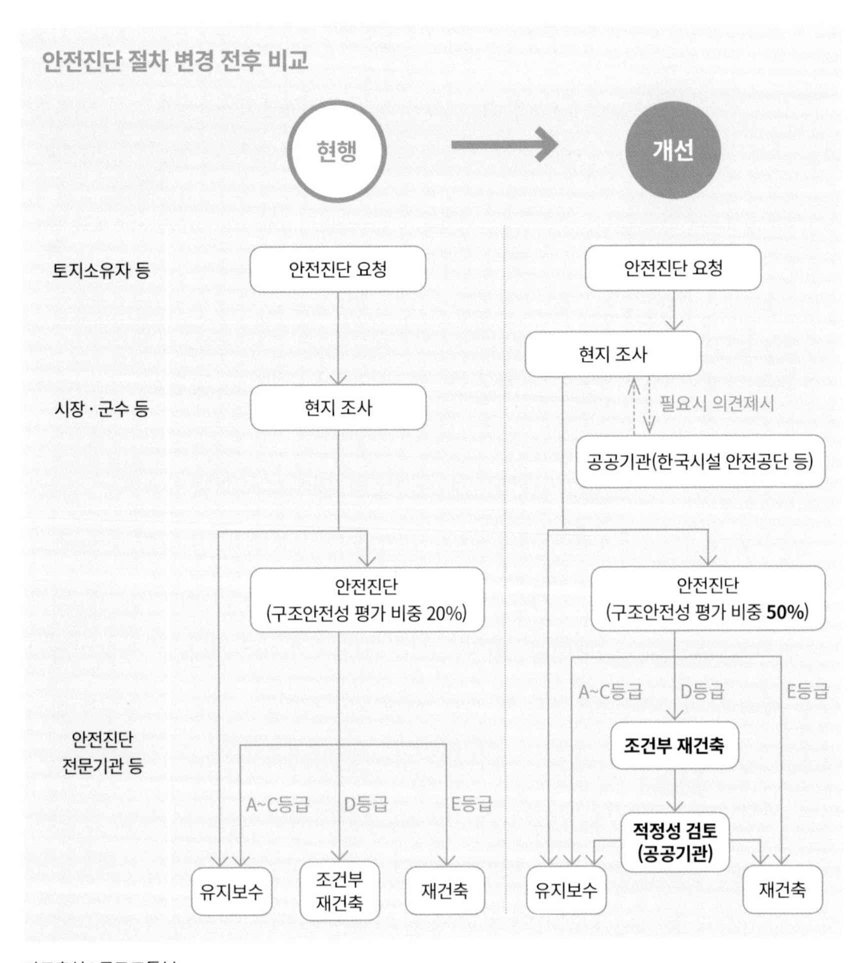

자료출처 : 국토교통부

내 집 마련을 위한 새로운 공략, 재건축

이러한 제도 강화에도 재건축 자체를 안 할 수는 없기 때문에 재건축에 대한 투자자의 관심은 계속될 것이다. 그렇지만 이른바 큰손으로 일컬어지는 강남권의 재건축시장 투자자가 아니라면 수도권 재건축 아파트에 주목하는 것도 방법이다. 수도권 재건축 아파트는 개발재료가 시세에 충분히 반영된 서울 지역 재건축 아파트와 달리 추가 상승을 기대할 수 있기 때문이다. 다만 수원, 인천, 광명 등 지역에 따라 사업추진 현황이나 관심도에 따라 가격 차별화 현상을 보이고 있기 때문에 더욱더 조심스러운 접근이 필요하다.

재건축은 계획부터 완결까지 긴 시간이 걸리기 때문에 공격적이고 여유가 있는 투자자가 아니라면 안정적인 투자시점을 선택해야 한다. 통상 재건축 절차는 다음과 같다.

① 추진위원회 구성 → ② 재건축 결의 → ③ 안전진단 → ④ 창립총회 →
⑤ 조합설립인가 → ⑥ 시공사 선정 → ⑦ 사업계획승인 → ⑧ 관리처분계획인가 →
⑨ 이주 및 철거 → ⑩ 착공 → ⑪ 사용승인 및 입주 → ⑫ 조합해산 및 청산

이러한 재건축에 투자할 경우 사업의 진행 정도에 따라 매매가격이 급변하기 때문에 자금여력, 기대이익 정도에 따라 매수 타이밍을 정해야 한다. 재건축 아파트는 시공사 선정, 조합설립, 사업승인 등을 전후로 하여 가격이 오르는 경향이 있다. 내 집 마련을 고려하여 재건축에 관심을 가지는 사람이라면 자금 계획을 확정적으로 정할 수 있는 시점인 관리처분계획인가 시점에 진입하는 것이 좋다. 추가부담금이 확정되지 않은 상태에서 막연한 환상을 가지는 것은 금물이다. 중개업소에서는 재건축 시공사 선정 또는 사업승인 신청 당시 건설사가 제시하는 가격을 근거로 부담금을 제시하지만, 관리처분계획인가 시 분양가격과 조합원 권리가액이 크게 달라지는 경우가 있으니 유의하자.

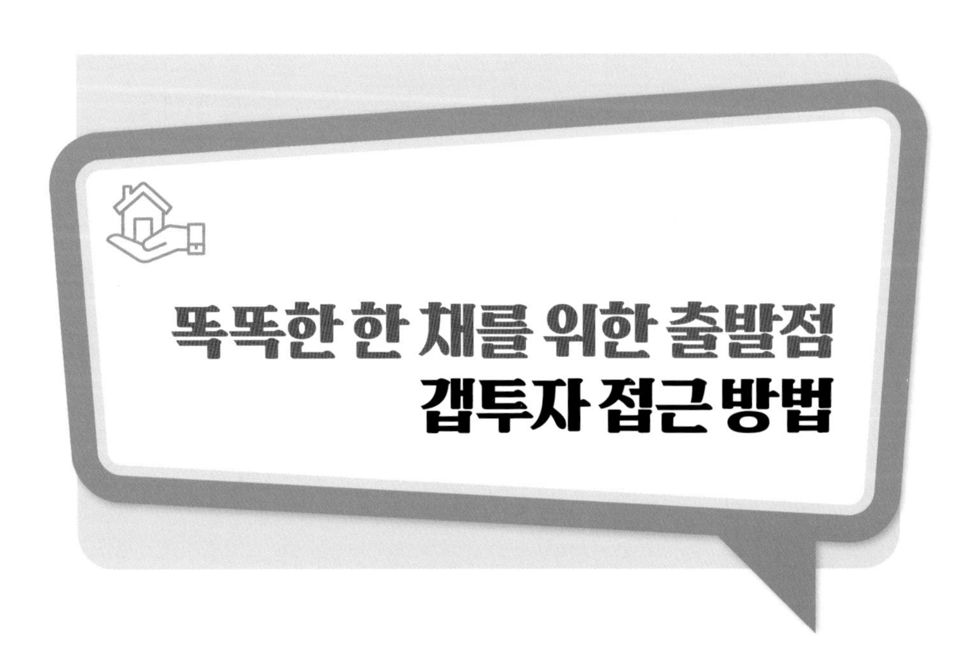

갭투자라 함은 매매가 대비 전세가 비율이 높을 때 전세를 끼고 주택을 구입하는 부동산 투자방식을 말한다. 갭투자가 현 정권 들어서 더욱더 자주 언급되는 이유는 국토교통부장관이 직접 언급했듯, 갭투자가 주택을 투기수단으로 보는 수법이라고 간주하고 있기 때문이다. 2017년에는 아래의 표에서도 알 수 있듯이 실제 거주를 목적으로 하는 매수보다 임차인을 끼고 매수하는 비율이 늘었다.

(계약일 기준)

구분		10월	11월	12월
전체		100%	100%	100%
보증금 미승계		61.4%	47.2%	40.8%
보증금 승계	소계	38.6%	58.8%	**59.2%**
	자기입주	14.3%	18.9%	17.5%
	가족입주	2.7%	3.1%	2.3%
	임대	22.0%	31.2%	**39.5%**

※ '17.11, 12월 계약분은 거래신고 기한(계약 후 60일) 내의 수치이므로 변동 가능
※ '17.9.26일부터 자금조달계획서 제출제도가 시행되어 10월 이후부터 분석
자료출처 : 국토교통부, 조선일보 등

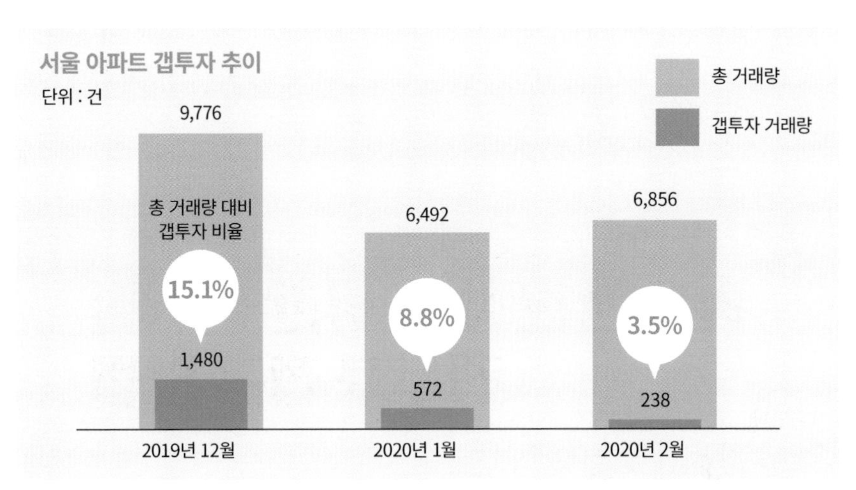

자료출처 : 아파트 실거래가, 국토교통부 실거래가

그러나 이러한 갭투자는 각종 규제에 의해서 대폭 감소되어 표에서도 나타나듯이 2020년 7월에는 전월대비 50% 이상 감소했다.

다주택자에 대한 경고가 계속되다 보니, 똑똑한 한 채를 외치면서 좀 더 전세가율이 높고 주택가격이 상승할 것으로 여겨지는 곳에 투자를 하는 투자자들은 아직도 현금을 바탕으로 갭투자를 하고 있다. 하지만 갭투자 시에는 다음과 같은 사항을 주의할 필요가 있다.

첫째, 전세가율이 떨어지면 자금여력이 부족한 갭투자자들은 전세금을 반환하지 못하는 문제가 생길 수 있다. 때문에 본인의 자금여력을 충분히 파악한 후에 부담이 생기지 않을 정도로 투자를 해야 한다.

둘째, 근저당권이 설정된 주택을 매수하는 경우라면 계약금과 중도금을 매도인에게 지급할 때 근저당 채권금액과 전세금 합계가 매매대금을 넘지 않는 선에서 계약금을 지급해야 한다.

셋째, 전세계약에 문제가 생겨서 잔금일에 잔금을 못 치르게 되면 최악의 경우 계약금을 몰수당하는 불상사가 생길 수 있다. 따라서 대출 및 자금 스케줄을 더욱더 꼼꼼하게 맞춰보아야 한다.

넷째, 전세가격은 현재를 기준으로 하는 것이 아니라, 2008년도, 2012년도 최저가격을 확인 후에 이를 감안하여 투자한다.

다섯째, 되도록 20평대 초반의 신축아파트에 교통이 편리한 지역으로 선택을 하는 것이 좋다.

여섯째, DTI(총부채상환비율)에 이어 DSR(총체적상환비율)로 인한 대출 강화가 계속되고 있기 때문에 반드시 대출가능 여부를 파악한다.

일곱째, 갭투자는 매매가가 올라야 한다는 전제조건이 있다. 단순히 지금 저가라는 이유로 투자하는 것은 금해야 한다. 저가인 이유가 반드시 있기 때문이다.

갭투자의 방식도 9.13 대책으로 인하여 주요한 변화가 있다. 공시가격 9억 원을 초과하는 주택을 구입할 때 실거주가 아닌 경우에는 주택담보대출을 전혀 받을 수 없으며, 또한 2주택자가 투기지역이나 투기과열지역 내에 추가로 주택을 구입하는 경우 역시 주택담보대출을 받지 못한다. 뿐만 아니라 1주택자 역시 투자를 목적으로 한 추가 주택구입은 대출받기 어려워진다. 결국 은행 돈을 빌려서 갭투자를 하지 못하게 하는 조치다. 주택임대사업자를 낸 사람이 규제지역에서 주택을 구입할 때는 주택담보대출비율(LTV)을 40%로 제한한다.

전세자금대출을 이용한 사람들에게도 갭투자를 막기 위한 조치가 시행되었다. 전세자금대출을 받은 후 9억 원을 초과한 주택을 매입하거나 2주택 이상을 보유할 경우에는 전세대출금이 회수된다. 현 정부에서는 갭투자자를 강력히 규제하는 방향으로 선회하여, 현재로서는 충분한 현금을 가지지 않은 일반 투자자로서는 투자하기가 점점 더 힘들어지고 있다.

<table>
<tr><th colspan="11">주택구입 목적시 지역별 LTV · DTI 비율</th></tr>
<tr><th rowspan="2">주택 가격</th><th rowspan="2" colspan="2">구분</th><th colspan="2">투기과열지구 및 투기지역</th><th colspan="2">조정대상지역</th><th colspan="2">조정대상지역 外 수도권</th><th colspan="2">기타</th></tr>
<tr><th>LTV</th><th>DTI</th><th>LTV</th><th>DTI</th><th>LTV</th><th>DTI</th><th>LTV</th><th>DTI</th></tr>
<tr><td rowspan="5">9억 이하</td><td colspan="2">서민 실수요자</td><td colspan="2">50%</td><td>70%</td><td>60%</td><td rowspan="2">70%</td><td rowspan="2">60%</td><td rowspan="2">70%</td><td rowspan="2">없음</td></tr>
<tr><td colspan="2">무주택세대</td><td colspan="2">40%
6개월 내 전입</td><td colspan="2">50%
6개월 내 전입</td></tr>
<tr><td rowspan="2">1주택 세대</td><td>원칙</td><td>0%</td><td>-</td><td>0%</td><td>-</td><td rowspan="2">60%</td><td rowspan="2">50%</td><td rowspan="2">60%</td><td rowspan="2">없음</td></tr>
<tr><td>예외</td><td colspan="2">40%
6개월 내
전입 및 처분</td><td colspan="2">50%
6개월 내
전입 및 처분</td></tr>
<tr><td colspan="2">2주택 이상 보유세대</td><td>0%</td><td>-</td><td>0%</td><td>-</td><td>60%</td><td>50%</td><td>60%</td><td>없음</td></tr>
<tr><td rowspan="3">9억 초과</td><td colspan="2">원칙</td><td>0%</td><td>-</td><td>0%</td><td>-</td><td colspan="4">9억 이하 주택구입시 기준과 동일</td></tr>
<tr><td rowspan="2">예외</td><td>9억 이하</td><td>40%</td><td rowspan="2">40%</td><td>50%</td><td rowspan="2">50%</td><td rowspan="2" colspan="4">* 규제지역 9억 초과
무주택자, 1주택자
주담대 실행 시
6개월 내 전입 및 처분</td></tr>
<tr><td>9억 초과</td><td>20%</td><td>30%</td></tr>
</table>

자료출처 : 국토교통부

까다로워진 임대사업자의 대출규제 때문에 이제는 임대주택등록을 활용한 갭투자를 하는 것이 힘들어졌다. 임대사업자 등록을 하여 수십 채를 가지고 투자를 하고자 하는 것이 아니라면, 수도권 유망지역으로 눈을 돌리는 것이 좋다.

PART 3

테마가 있는 아파트는 반드시 오른다

대한민국 아파트 보물지도

지난 4~5년 전에는 풍부한 유동자금이 부동산 시장으로 몰려오면서 강남권을 중심으로 한 재건축과 강북권 뉴타운, 2기 신도시 등의 분양 시장이 호황을 이어갔다. 이로 인해 2018년은 입주 물량이 전국 45만 9,513세대로 11년 만에 최대가 되었다. 반면에 2019년은 40만 1,728세대로 다소 감소했고, 여기에 정부의 부동산 규제 정책이 더해져 2020년에는 2019년 대비 약 10% 이상 줄어든 35만 7,509세대 입주 물량이 확보된 데 그쳤다. 2021년에는 2020년 대비 약 30% 감소된다. 이는 2018년 대비 약 45% 이상 감소된 수치이다. 권역별로는 수도권이 2019년보다 12% 감소한 17만 8,126세대, 지방도시는 22.8% 감소한 10만 477세대가 입주한다. 지방 5개 광역시는 6만 238세대로 2019년보다 1.9% 소폭 증가한 수준이다. 전체 입주 물량 가운데 52.3%가 수도권에 집중되어 있으며 지방도시는 29.5%로 비중이 매년 감소하고 있다. 서울지역은 새 아파트 물량이 2020년은 4만 7,447세대 입주로 2019년 대비 약 8% 이상 증가하였으나, 2021년은 2만 5,021세대 입주로 2020년 대비 약 47% 이상 감소한다. 이는 분양가 상한제 시행에 따라 건설사 공급 위축이 확산되면서 신규분양 물량이 본격 줄어들게 된 때문이다.

아파트 입주 동향을 보면 보물지도가 보인다

국토교통부에 따르면 2020년 3분기(7월~9월) 전국 입주 아파트는 5년 평균(9.5만 세대) 대비 16.6% 증가한 11만 858세대로 집계되었으며, 수도권은 6만 1,995세대로 5년 평균(4.6만 세대) 대비 33.7% 증가하고 서울은 1만 2,552세대로 5년 평균(1만 세대) 대비 27.1% 증가했다.

구분	합계	20. 7월	20. 8월	20. 9월
전국	110,858	41,154	38,261	31,443
수도권	61,995	26,614	25,281	10,100
서울	12,552	5,478	4,122	2,952
지방	48,863	14,540	12,980	21,343

자료출처 : 국토교통부

수도권은 2020년 7월 성남 수정(4,089세대), 인천 송도(3,100세대) 등 26,614세대, 2020년 8월 김포 고촌(3,510세대), 화성 동탄2(2,512세대) 등 25,281세대, 2020년 9월 강남 개포(2,296세대), 남양주 화도(1,620세대) 등 10,100세대가 입주, 지방은 20년 7월 전남 무안(1,531세대), 전북 전주(1,390세대) 등 14,540세대, 2020년 8월 부산 명지(2,936세대), 경남 진주(1,744세대) 등 12,980세대, 2020년 9월 세종시(3,100세대), 광주 동구(2,334세대) 등 21,343세대가 입주했다.

부동산 대책의 영향

6.17 부동산 대책으로 입주시장에서도 거래 위축 등 일부 영향을 받았다. 수도권 입주 물량이 증가하고는 있으나 수도권 대부분이 규제지역으로 묶이게 됐고, 그로 인한 제한들이 거래를 어렵게 하는 측면이 있다. 예를 들면 3억원을 초과하는 신규 주택 구입 시 전세대출이 제한되는 등에 의해 단기적으로는 수요자들의 매수가 관망세를 유지하고, 장기적으로는 재건축, 재개발 규제 등에 따른 공급물량 감소로 신규분양분이 줄어들어 향후 입주 물량은 감소될 것으로 예상된다. 이에 따라 아파트 가격은 점차 상승할 것이라고 예상된다.

전세의 경우에도 규제지역 내 주택담보대출을 받을 경우 6개월 내 전입의무가 있어 전세매물이 급격하게 줄어들고 있으며, 신규아파트 공급부족으로 전세가도 급격하게 상승해, 정부의 강력한 부동산 정책이 추가로 있지 않을 경우 아파트 가격 상승도 추가로 예상된다.

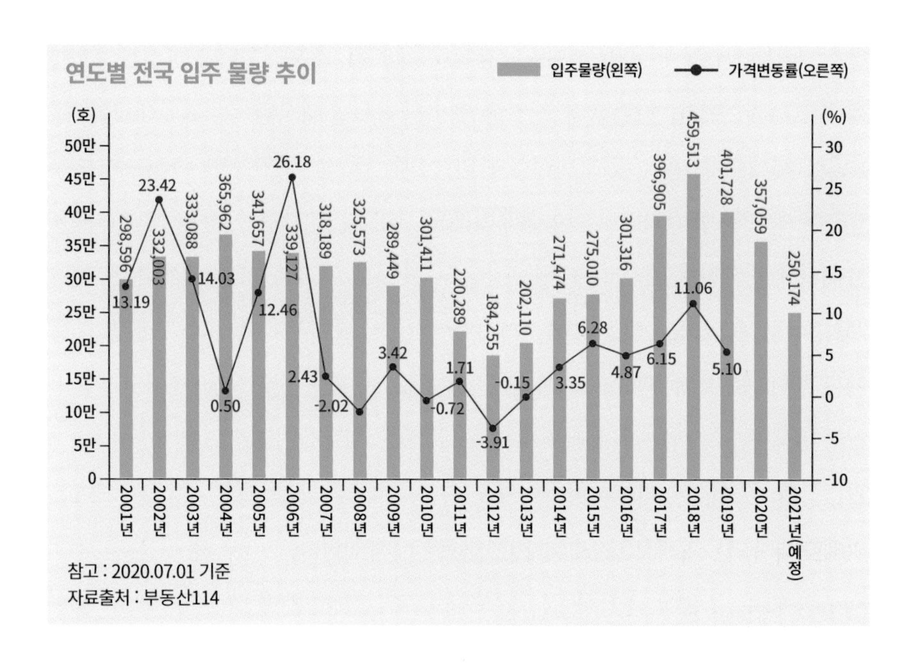

서울의 높은 입주 물량이 기대되는 아파트

연도별로 살펴보면 서울 입주 물량은 2019년 4만 3,915세대에서 2020년 4만 7,477세대로 다소 증가했다가 2021년에는 2만 5,021세대로 감소할 것으로 예상된다. 이는 2016년 2만 5,020세대 이후 최소치이다. 2020년 하반기부터 신규 아파트 입주 물량이 대폭 감소한다. ㈜직방에 따르면 2020년 서울 입주 물량(1만 7,799세대)은 작년 상반기(2만 3,675세대)보다 25% 감소한 것으로 조사됐다. 강남4구(강남, 서초, 송파, 강동)의 경우 2020년 입주 물량이 1분기 4,156세대, 2분기 2,322세대, 3분기 5,920세대, 4분기 89세대로, 강남 입주 물량이 특히 전무했다.

수요자들의 관심을 모은 대표적인 단지로는 영등포구 대림동 e편한세상영등포아델포레(859세대/2020년 7월), 용산구 한강로3가 용산센트럴파크해링턴스퀘어(1,140세대/2020년 8월), 강남구 개포동 개포래미안포레스트(2,296세대/2020년 9월), 영등포구 신길동 힐스테이트클래시안(1,476세대/2020년 10월), 서대문구 홍은동 북한산두산위브2차(296세대/2020년 11월), 성북구 장위동 꿈의숲아이파크(1,711세대/2020년 12월), 양천구 신정동 래미안목동아델리체(1,497세대/2021년 1월), 강동구 상일동 고덕자이(1,824세대/2021년 2월), 마포구 염리동 마포프레스티지자이(1,694세대/2021년 3월), 은평구 응암동 힐스테이트녹번역(879세대/2021년 4월), 서초구 반포동 디에이치라클라스(848세대/2021년 6월), 서초구 서초동 서초그랑자이(1,446세대/2021년 6월), 강남구 일원동 디에이치자이개포(1,996세대/2021년 7월), 송파구 거여동 위례포레샤인17단지(1282세대/2021년 8월) 등이 있다.

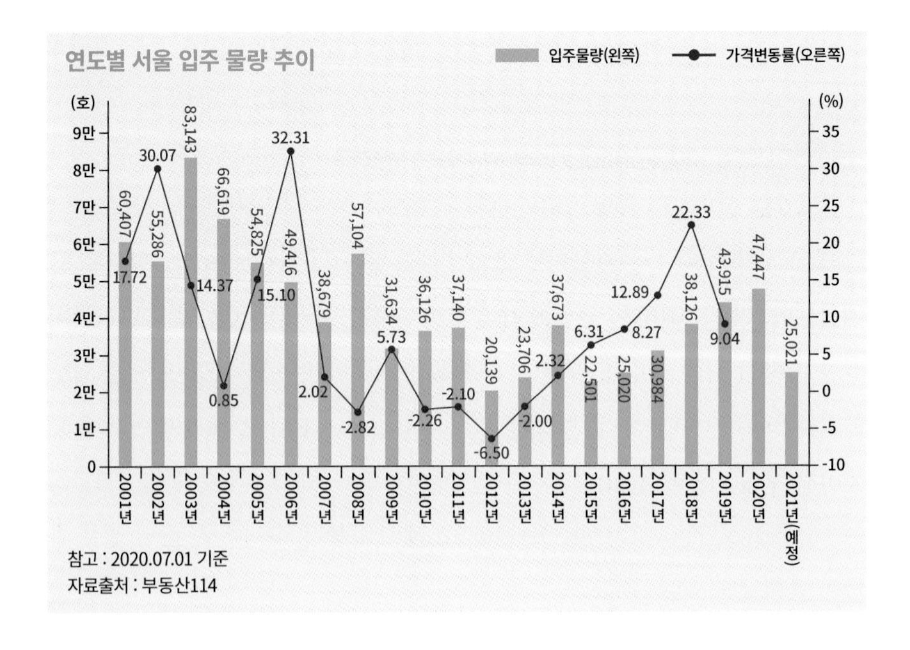

경기의 높은 입주 물량이 기대되는 아파트

2020년 기준으로 입주 물량이 지역별로는 경기(12만 1,900세대)가 압도적으로 많고 서울(4만 7,447세대), 부산(2만 5,609세대), 경남(2만 3,436세대) 등이 뒤를 이었다. 2021년 기준으로는 경기(9만 4,366세대)가 가장 많고 서울(2만 5,021세대), 부산(1만 7,562세대), 인천(1만 6,949세대) 등의 순서로 입주 물량이 많을 것으로 예상된다. 이에 따르면 경기도는 2020년, 2021년 전국 입주 물량의 1/3이상을 차지한 것으로 파악된다.

수요자들의 관심을 모으는 경기도의 대표적인 단지로는 성남시 수정구 신흥동 산성역포레스티아(4,089세대/2020년 7월), 고양시 덕양구 향동동 고양향동A3(공공분양)(1,059세대/2020년 10월), 광명시 광명동 광명에코자이위브(2,104세대/2020년 11월), 남양주시 호평동 두산알프하임(2,894세대/2021년 1월), 화성시 병점동 병점역아이파크캐슬(2,666세대/2021년 3월), 하남시 학암동 힐스테이트북위례(1,078세대/2021년 5월), 성남시 분당구 판교더샵퍼스트파크(1,223세대/2021년 6월), 안양시 동안구 비산동 평촌자이아이파크(2,399세대/2021년 12월) 등이 있다.

한편, 2017년부터 입주 물량이 증가하면서 가격 하락을 경험하기 시작한 투기과열지구, 조정지역을 제외한 대부분의 지방권에서는 입주 물량이 많아지는 시점에서 가격하락 현상이 나타날 수 있으므로 지역별로 입주 물량, 입주시기, 부동산 규제정책 등을 종합적으로 고려하여 아파트 시장에 접근하는 전략이 무엇보다 중요하다.

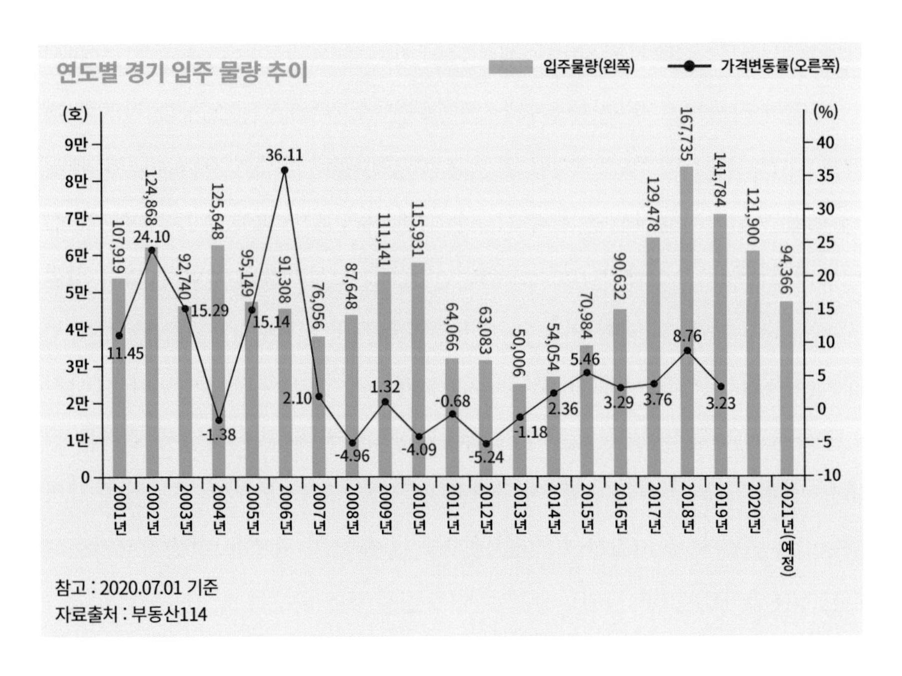

이에 따라 입주 물량이 많은 곳에서는 단기간에 매물이 늘어나 매매가격이 조정될 가능성이 있으며, 수요자 입장에서 볼 때는 매물 증가로 인해 원하는 층과 향을 고를 수 있는 선택의 폭이 넓어질 것으로 기대된다.

특히 자금이 준비된 실수요자 입장에서는 이러한 상황을 이용하여 입주가 임박한 단지를 중심으로 보다 좋은 가격 조건에 내 집 마련에 성공할 수 있는 기회로 접근해볼 필요가 있다. 이를 위해서는 우선적으로 지역별, 시기별로 입주 물량을 파악하여 매수를 희망하는 아파트의 범위를 좁히는 절차를 진행해야 한다.

대단지 아파트에 주목하라

이러한 관점에서 1,000세대 이상의 대단지 아파트를 특히 주목할 필요가 있다. 일반적으로 대단지 아파트는 공원, 주차장 등 단지 내 편의시설과 각종 근린생활시설 등이 잘 갖춰져 주거생활이 편리하다. 게다가 인근으로 상권 형성도 유리하고 도로, 지하철 등 단지로의 접근성도 대부분 양호하다. 이러한 대단지 아파트는 결과적으로 지금과 같은 부동산 조정기에는 가격이 늦게 빠지고 호황기에 접어들어서는 가격 상승을 주도하게 되며 양호한 주거여건과 접근성, 가격 탄력성 등을 바탕으로 지역 내 랜드마크 아파트 역할을 하는 장점을 지닌다.

물론 대단지 아파트라고 해서 무조건 투자가치가 높은 것은 아니다. 대단지라고 해도 단지마다 갖고 있는 개별적 특성이 있기 때문에, 사전에 조건을 살펴볼 필요가 있다. 특히 생활환경, 발전가능성 등과 더불어 해당 물건의 가격 경쟁력을 꼼꼼하게 비교한 후 자신에게 맞는 단지를 선택하는 것이 무엇보다 중요하다.

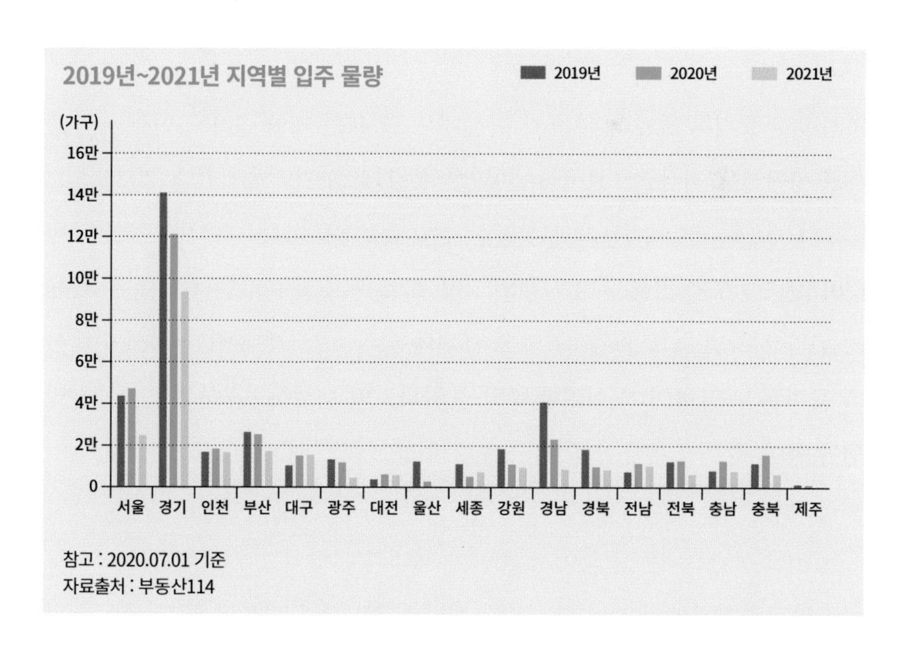

계속되는 부동산 불경기에 확실한 투자처는 바로 아파트

2020년에도 전국적으로 신규 아파트 분양 러쉬는 지속되었다. 2020년 분양 물량은 총 38만 2,176세대(부동산114, 2020.12.24 기준)로 이는 최근 5년(2015년~2019년) 평균 분양 물량인 38만 6,916세대와 비슷한 수준이다. 아울러 분양 시장의 최대 호황기였던 2015년의 51만 6,714세대에 약 74% 수준까지 육박하는 물량이다. 이러한 분양 물량의 증가는 2019년 하반기 예정되었던 물량이 정부의 부동산 관련 규제 강화 등으로 인해 대거 2020년으로 넘어왔기 때문이다.

2020년 하반기에는 전국에서 20만여 세대가 분양되었다. 코로나19 우려로 분양일정을 연기했던 것이 하반기에 몰리게 되었으며 2020년 7월에 집중되었다. 7월 분양 물량은 8만 6천여 세대로 하반기 월평균 분양 물량인 4만 가구의 2배 이상 높은 수준이었다. 8월부터 수도권과 광역시에서 소유권이전등기까지 전매가 제한되었기 때문에 건설사가 서둘러서 분양을 앞당기는 경우가 많았다.

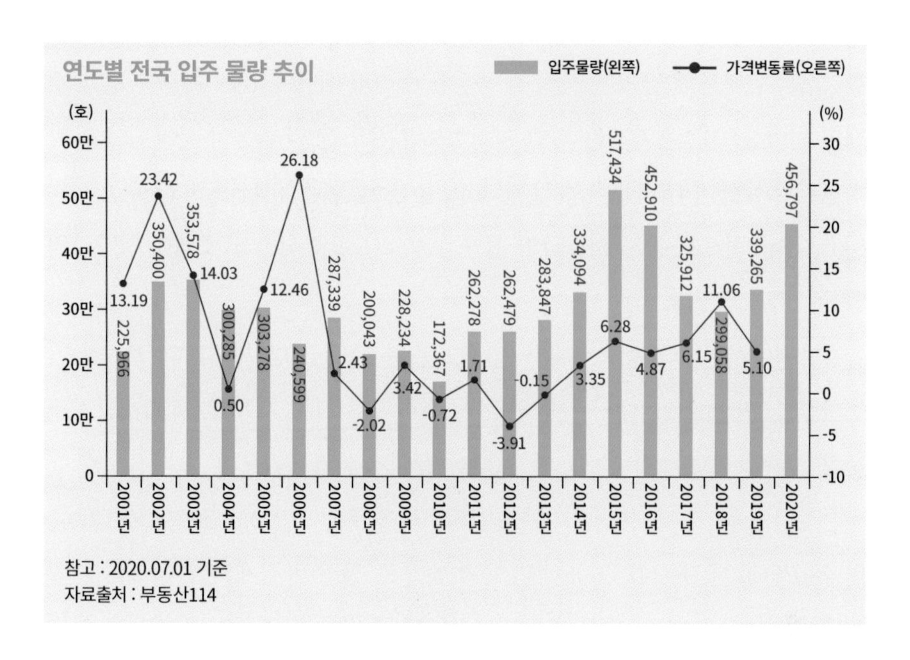

부동산 대책과 코로나19의 영향

그러나 2020년은 수요규제 중심의 6.17, 7.10 부동산 대책이 지속되면서 주택공급환경이 나빠졌으며 코로나19로 인하여 경제불안이 장기화되고 부동산이 안정될 때까지 정부의 부동산 규제정책이 추가로 제기될 가능성이 잠재된 상황이라 분양 물량이 점차적으로 감소되었다. 당초 계획된 분양 물량이 모두 공급될 수 있을지 여부도 불안한 상황이었다.

2020년 분양 물량을 지역별로 살펴보면, 수도권은 25만 9,657세대, 지방권은 19만 7,140세대가 공급되었다. 수도권에서는 서울은 6만 6,790세대, 경기도에서 13만 9,884세대, 인천은 5만 2,983세대가 분양되었다. 2019년 대비 서울은 14.47%(3만 9,131세대)가 증가하고, 경기도 역시 28.80%(31,280세대), 인천은 39.03%(14,875세대)가 늘어났다. 서울은 재건축, 재개발 등 정비사업을 통한 물량이 대부분을 차지하고 있는 가운데 특히 강남, 서초, 송파, 강동 등 강남4구에서 공급되는 물량을 중심으로 100 대 1이 넘는 치열한 청약 경쟁이 벌어졌으며, 경기도는 과천 지식정보타운의 잔여 물량이 분양됨에 따라 과천시의 물량이 대거 늘어났다. 선호도 높은 지역인 위례신도시와 화성 봉담지구, 동탄2신도시 등도 서울과의 접근성을 토대로 관심이 고조되어 청약과열 양상이 두드러졌다.

지방권에서는 6대 광역시에서 지난 2019년 11만 5,924세대보다 37.66%가 증가한 15만 9,587세대가 분양되었다. 특히 인천에는 재개발, 택지개발지구 물량을 중심으로 가장 많은 5만 3,000여세대가 분양되었으며 그 다음으로 대구는 2만 8,281세대, 부산은 3만 5,975세대, 광주는 1만 3,045세대, 울산은 1만 780세대, 대전은 1만 608세대 등의 순으로 물량이 집계되었다. 기타 지방권역에서는 충남이 전년 물량 대비 44.18% 증가한 총 2만 3,287세대로 가장 많이 분양되었으며, 경남도 1만 876세대가 분양되어 2년 연속 1만 세대 이상 공급 지역으로 선정되었다.

분양가상한제로 인한 아파트 쏠림 현상 심화

청약 경쟁이 심화되면서 '만점 통장' 속출하는 등 시도별 아파트 당첨가점 커트라인도 고공 행진했다. 공급 부족으로 인해 수도권에 청약 수요가 몰리면서, 서울의 아파트 당첨 커트라인은 60점을 넘어섰다. 특히 평균 청약률 100 대 1이 넘는 아파트가 전국 50여 곳에 달하는 등 분양가상한제가 적용된 단지들에 수요자들의 관심이 모였다.

한편 시세보다 낮은 분양가와 재건축 규제 강화로 사업성이 저하되면서 일부 단지들이 분양 일정을 늦추고 리모델링으로 선회하는 분위기가 생기고 있다. 이는 2021년 부동산 시장에도 적지 않은 영향을 주었다.

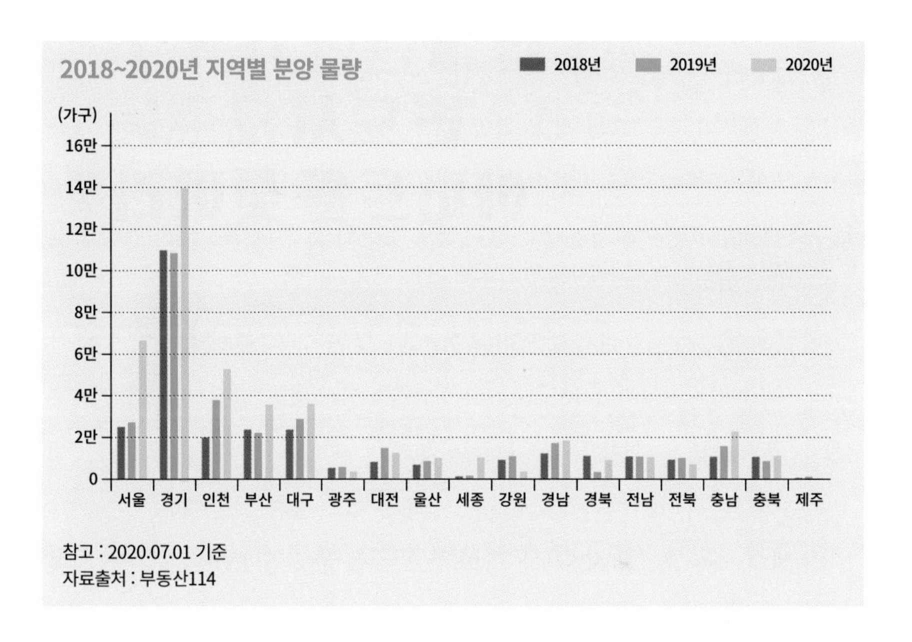

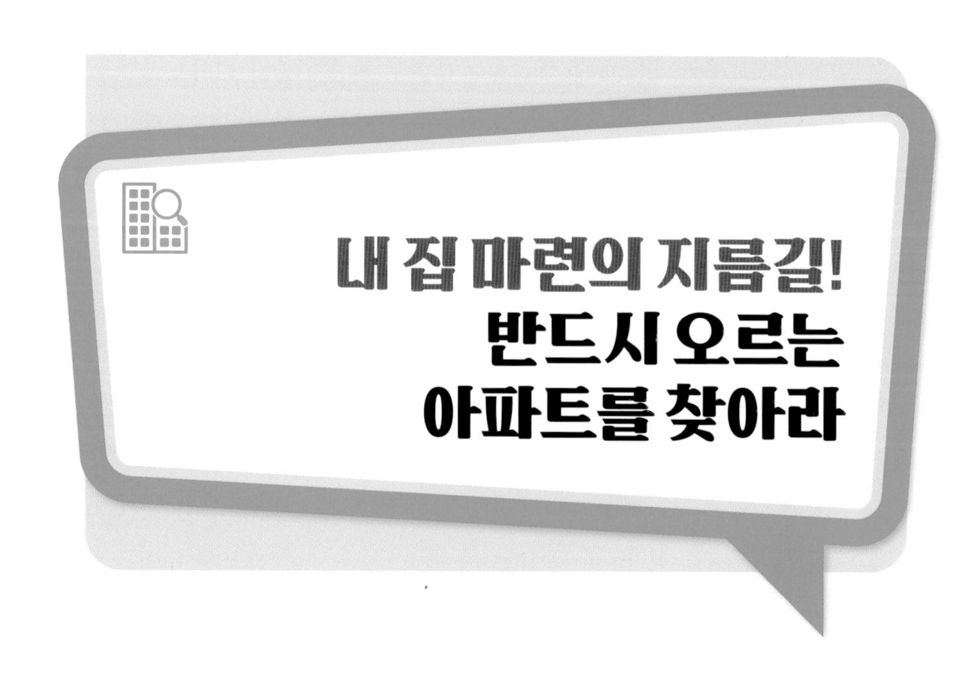

내 집 마련의 지름길! 반드시 오르는 아파트를 찾아라

회복세를 타고 있던 부동산 분양시장은 연이은 부동산 규제로 인하여 분양이 계속 연기되었다. 게다가 코로나19가 진정될 여지가 보이지 않고, 6.17, 7.10 부동산 대책에 따라 분양시장 여건이 크게 악화되었다. 그러나 정부 부동산정책에 대한 면역력과 코로나19로 인한 경기 침체가 장기화되면 상대적으로 주식보다 안전한 부동산에 유동자금이 더 몰릴 수 있다.

정부의 각종 부동산 대책 등으로 서울 25개구 전체와 경기 10개 지역(수정, 수원, 안양, 안산단원, 구리, 군포, 의왕, 용인수지, 기흥, 화성), 인천 3개 지역(연수, 남동, 서구), 대전 4개 지역(동, 중, 서, 유성)이 투기과열지역으로 지정되었다. 최근 부동산 가격이 급등하고 있는 경기, 인천, 대전, 청주는 일부지역을 제외한 전 지역이 조정대상지역으로 지정되면서 청약조건이 대폭 강화된 상황이다. 이러한 지역에서는 청약 1순위 요건 강화(청약통장 가입 2년 경과 및 납입

횟수 24회), 청약가점제 적용 확대, 가점제 당첨자 재당첨 제한 등이 적용된다. 게다가 분양권 전매금지 조항이 소유권이전등기 시까지로 대폭 강화되면서 당첨 후 전매를 통해 시세차익을 노렸던 단기 투자자들은 설 자리가 점점 없어지고 있다. 따라서 반드시 입주까지 고려한 실수요자 입장에서 분양 시장 접근이 필요하다.

또한 청약을 통한 신규아파트 입성을 고려한다면 꼼꼼하게 자금조달 계획을 수립해야 한다. 중도금대출을 포함한 금융규제 강화로 인해 대출 받기가 더욱 어려워졌기 때문이다. 2018년 1월부터 기존의 DTI(Debt To Income, 총부채상환비율)를 강화한 새로운 DTI가 적용되고, 2020년 하반기부터는 DSR(Debt Service Ratio, 총부채원리금상환비율)이 본격적으로 적용되어 추가 대출을 받을 경우 한도가 절반 수준으로 줄어들 수 있는 데다가 다주택자는 대출을 받기가 거의 불가능한 상황이다.

그럼에도 불구하고 신규아파트 청약은 목돈이 부족한 실수요자 입장에서는 일정 기간 동안 자금을 나눠서 부담할 수 있는 데다가 입지 요건이 우수한 지역을 들어갈 수 있는 방법이기 때문에 관심을 가질 수밖에 없다. 특히 바뀐 분양시장 분위기 속에서 청약 자격과 대출 조건 등을 종합적으로 고려하는 전략 수립이 무엇보다도 중요하다. 이 과정에서 선호하는 지역에서 공급되는 아파트의 분양 시기, 분양 물량 및 공급 타입, 청약 자격 등도 사전에 파악해야 할 것이다. 청약에 떨어지더라도 부적격 당첨자 물량이 추가적으로 나올 수 있으므로 이를 노리는 것도 좋은 전략이다.

3호선 녹번역 바로 앞, 초역세권을 자랑하는 힐스테이트녹번역

- 서울시 은평구 응암동
- 입주 : 2021년 4월

은평구 응암1구역 재개발(응암동 8번지 일대) 아파트인 '힐스테이트녹번역'은 지하 4층부터 지상 22층, 11개 동으로 총 879세대 규모로 구성된다. 면적 구성은 전용면적 41~84㎡으로 이 중 △ 41㎡ 3세대, △ 51㎡ 50세대, △ 74㎡ 19세대, △ 76㎡ 7세대, △ 84㎡ 264세대로 선호도가 높은 84㎡ 이하 중심으로 일반 분양 336세대가 공급되었다.

지하철 3호선 녹번역이 바로 앞에 위치한 초역세권 단지로 지하철을 이용해 종로 등 도심은 물론이고 강남의 주요 지역으로 편리하게 이동할 수 있는 장점이 있으나 주변 신축단지가 점점 더 많아져 도심으로 연결되는 통일로의 정체가 약점으로 꼽힌다. 한편 은평초를 비롯한 영락중이 도보권 내에 있으며 충암고가 근접하고 응암도서관이 주변에 있어 우수한 교육환경을 가진 것으로 파악된다. 인근에 녹번근린공원, 백련산 등산로가 있고 공원이 연결된 쾌적한 친환경 단지이며 은평구청이 근접해 있어 관공서 업무를 보기에 편리하다. 다만 단지 주변이 산으로 둘러싸여 있어 생활편의 시설이 부족한 측면은 앞으로 개선이 필요해 보인다.

'힐스테이트녹번역'의 평균분양가는 1,864만 원으로 책정되었으며, 공급가격은 3억 6,000만 원 ~ 7억 2,000만 원으로 주변 시세 대비 2억 원 가량 낮은 수준과 남향 위주의 단지 배치 및 지상에 주차장이 없는 설계로 일찍부터 청약 수요자들의 관심이 높았다. 이러한 관심을 토대로 지난 2018년 12월 청약 당시 194세대 모집(특별공급 제외)에 1만 1,455명이 신청하면서 평균 59.04 대 1의 경쟁률로 전 주택형이 1순위 마감되었다. 최고 경쟁률은 전용 74T㎡로 8세대 모집에 1,464명이 청약을 신청해 183 대 1의 대단한 경쟁률을 보였다. 이어 전용 76T㎡(74 대 1), 51P㎡(68.95 대 1), 84P㎡(64.81 대 1), 41A㎡(64.33 대 1), 84E㎡(48.81 대 1), 84A㎡(48.17 대 1), 84D㎡(37.42 대 1), 84B㎡(34.48 대 1) 순으로 경쟁률이 높았다.

기본 개요

- **지하철** 3호선 녹번역(100m), 6호선 응암역(1.6km) 등
- **도로** 통일로(100m), 은평로(100m), 내부순환로(1.1km), 증산로(1.8km) 등
- **학교** 은평초(250m), 녹번초(900m), 영락중(850m) 등
- **편의시설** 녹번동근린공원(500m), 은평구청(600m), 백련산(1.1km) 등

단지 개요

- **단지명** 힐스테이트녹번역(응암 1구역 재개발)
- **위치** 은평구 응암동 8
- **규모** B4~22층 11개동 879세대(일반분양 336세대)
- **입주** 2021.04

공급면적		전용면적		세대수			분양가(만원)	
m²	평	m²	평	일반	특별	합계	최고가	평당
62.94	19.04	41.76A	12.63	3		3	35,960	1,889
73.23	22.15	51.68P	15.63	19	16	35	41,560	1,876
77.47	23.43	51.78T	15.66	10	5	15	44,860	1,914
99.63	30.14	74.99T	22.68	8	4	12	57,260	1,900
106.48	32.21	76.99T	23.29	6	1	7	60,160	1,868
110.29	33.36	84.99P	25.71	52	43	95	69,360	2,079
108.92	32.95	84.99A	25.71	18	14	32	68,970	2,093
109.63	33.16	84.99B	25.71	23	18	41	68,460	2,064
111.26	33.66	84.99C	25.71	13	12	25	70,160	2,085
110.06	33.29	84.99D	25.71	26	18	44	70,070	2,105
113.02	34.19	84.99E	25.71	16	11	27	71,370	2,088
합계				194	142	336	-	-

※ 임대 132세대 / 조합원 407세대 / 보류지 4세대 제외

위치

역대급 분양 열풍을 일으킨 대규모 자이타운 DMC자이아파트

(센트럴자이, 아트포레자이, 파인시티자이)

- 서울시 은평구 증산동(센트럴자이)/수색동(아트포레자이, 파인시티자이)
- 입주 : 2022년 3월(센트럴자이)/2023년 2월(아트포레자이)/2023년 3월(파인시티자이)

수색 증산뉴타운 중 유망 사업지로 손꼽히는 'DMC센트럴자이'(증산2구역), 'DMC아트포레자이'(수색7구역), 'DMC파인시티자이'(수색6구역)는 수색로에 인접한 단지로, 수요자의 선호 브랜드인 GS건설이 자이 브랜드로 시공을 맡았다. 이 지역은 이미 거의 자이 단지들이 차지하고 있어 5,000세대가 넘는 '자이' 브랜드 타운이 조성된다.

'DMC아트포레자이'는 지하 3층부터 지상 22층, 8개동 672 규모로 공급되며, 이 중에서 307세대가 일반분양이다. 일반분양 물량은 전용 55~84㎡ 타입으로 구성되며 이 중 2/3이상 정도는 선호도 높은 전용 84㎡ 가 주력 타입이다.

'DMC센트럴자이'는 지하 3층부터 지상 30층, 14개동 1,388세대 규모로 공급되며, 이 중에서 463세대가 일반분양이다. 일반분양 물량은 전용 55~84㎡

타입으로 구성되며 이 중 80% 이상 정도는 선호도 높은 전용 84㎡ 가 주력 타입이다.

'DMC파인시티자이'는 지상 30층, 15개동 1,223세대 규모로 공급되며, 이 중에서 453세대가 일반분양된다. 일반분양 물량은 전용 59~84㎡ 타입으로 구성되며 이 중 40% 이상 정도는 선호도 높은 전용 59㎡가 주력 타입이다.

자이타운이라고 부르자

세 개 단지 아파트가 공급되는 증산동, 수색동 일대는 6호선·공항철도·경의중앙선이 연결되는 디지털미디어시티역과 경의중앙선 수색역을 이용하는 역세권이다. 내부순환로, 강변북로, 월드컵대교(2021년 8월)를 이용하여 도심과 수도권 접근성이 뛰어나며 증산초, 수색초, 증산중, 숭실고 등 교육시설도 인접해 있어 뉴타운의 교육 중심지라 할 수 있다. 또한 단지 주변으로 봉산자연도시공원, 월드컵공원, 한강공원, 불광천 등이 인접해 있어 훌륭한 자연환경을 누릴 수 있으며 홈플러스, 이마트, 메가박스, 월드컵경기장 등 다양한 생활편의시설과 문화시설이 위치하고 있다.

'DMC센트럴자이'(1,388세대), 'DMC아트포레자이'(672세대), 'DMC파인시티자이'(1,223세대)가 순조롭게 분양되고 수색역세권 복합개발이 완료되면 수색, 증산뉴타운은 은평구를 대표하는 대규모 신흥 주거지역으로 탈바꿈할 것으로 전망된다.

단지 개요

구분	DMC 센트럴자이	DMC 아트포레자이	DMC 파인시티자이
위치	서울 은평구 증산동 231-20 일대(증산2구역)	서울 은평구 수색동 412 일대(수색7구역)	서울 은평구 수색동 115-6 일대(수색6구역)
건축규모	지하3층~지상30층 14개동	지하3층~지상22층 8개동	지상30층 15개동
가구수	총 1,388세대 중 일반분양 463세대	총 672세대 중 일반분양 307세대	총 1,223세대 중 일반분양 453세대
건설사	GS건설	GS건설	GS건설
분양	2020년 7월	2020년 7월	2020년 7월

위치

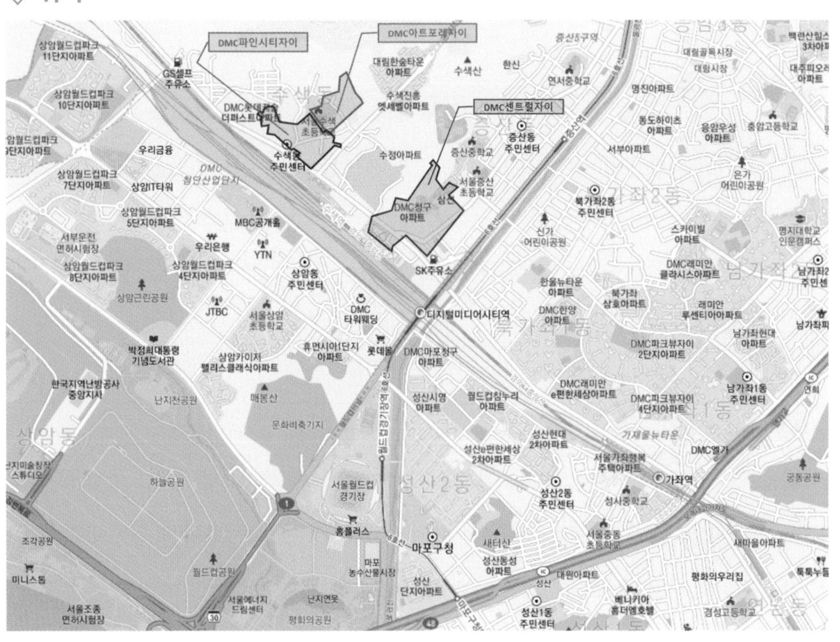

북한산의 정기를 받아 도심으로 나아가는 **북한산두산위브2차**

- 서울시 서대문구 홍은동
- 입주 : 2020년 11월

서대문구 홍은동 홍은6구역을 재건축하는 '북한산두산위브2차'는 두산건설이 인접한 1차에 이어 2차로 공급하는 단지이다. 지하 4층부터 지상 11층, 4개동 296세대 규모로 조합 44세대, 임대주택 30세대를 제외한 202세대가 일반분양 물량이다. 일반분양 타입은 전용면적별로 △ 56㎡ 46세대, △ 59㎡ 156세대가 공급된다.

'북한산두산위브2차'는 주변이 북한산, 백련산, 인왕산, 북악산으로 둘러싸여 있어 산책이나 등산을 통하여 자연을 느낄 수 있으며 빠르고 편리한 교통여건과 녹색환경이 가장 큰 장점으로 꼽힌다. 단지 인근으로 홍은초, 홍제초, 인왕초, 홍은여중, 정원여중, 명지고, 충암고와 상명대, 명지대 등이 위치하고 있어 교육환경이 우수하다. 지하철 3호선 홍제역을 이용할 수 있으며 내부순환도로 홍은램프, 통일로와 연희로가 인접해 있어 광화문, 종로, 상암DMC 등 도심과의 연결에 큰 어려움이 없다. 게다가 서대문구청과 문화체육회관, 서대문자연사박물관, 탕춘대성 등 생활문화시설이 근접해 있어 편리한 삶을 누릴 수 있는 주거환경으로 손색이 없다.

'북한산두산위브2차'는 2017년 11월 분양 당시 3.3m²당 평균 분양가가 1,500만 원으로 책정되어 북한산두산위브1차가 평균 1,400만 원 후반으로 공급된 것을 감안하면 가격적 측면에서도 충분히 메리트가 있었다. 일반분양 물량 총 180세대(특별공급 제외) 모집에 총 891명이 청약해 평균 4.95 대 1의 경쟁률을 나타냈다. 가장 높은 경쟁률을 기록한 평형은 전용 59m²로 137세대 모집에 697명이 몰리며 5.09 대 1을 기록했으며, 전용 56m²는 4.51 대 1(43세대 모집, 194명 지원)을 기록하며 모두 1순위 마감에 성공했다.

기본 개요

- **지하철** 3호선 홍제역(1.1km) 등
- **도로** 홍은중앙로3안길(50m), 홍은중앙로(250m), 내부순환로(600m), 통일로(630m) 등
- **학교** 홍은초(470m), 홍제초(740m), 홍은중(1.1km), 정원여중(1.80m), 명지고(2.3km) 등
- **편의시설** 실락어린이공원(580m), 인왕시장(970m), 이마트은평점(2.1km), 서대문구청(2.3km) 등

단지 개요

- **단지명** 북한산두산위브2차(홍은6구역 재건축)
- **위치** 서대문구 홍은동 13-25
- **규모** B4~11층 14개동 296세대(일반분양 202세대)
- **입주** 2020.11

공급면적		전용면적		세대수			분양가(만원)	
m²	평	m²	평	일반	특별	합계	최고가	평당
78.09	23.62	56.91T	17.22	33	13	46	39,400	1,668
83.12	25.14	59.65	18.04	108	48	156	39,900	1,587
합계				141	61	202	-	-

※ 임대 30세대 / 조합원 61세대 / 보류지 3세대 제외

위치

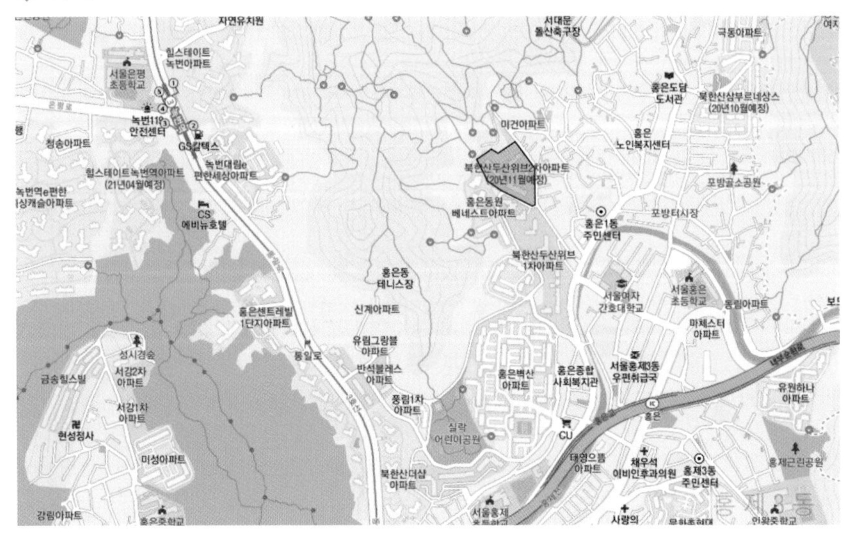
자연유치원
힐스테이트
녹번아파트
서울은평
초등학교
녹번119
안전센터
GS칼텍스
청송아파트
힐스테이트녹번역아파트
(21년04월예정)
녹번대림e
편한세상아파트
CS
에비뉴호텔
홍은센트레빌
1단지아파트
통일로
성시경숲
금송힐스빌
서강2차
아파트
서강1차
아파트
현성정사
미성아파트
강림아파트
홍은동
테니스장
신계아파트
유림그랑블
아파트
반석블레스
아파트
풍림1차
아파트
북한산더샵
아파트
실락
어린이공원
서울홍제
서대문
돌산축구장
미건아파트
북한산두산위브2차아파트
(20년11월예정)
홍은동원
베네스트아파트
북한산두산위브
1차아파트
홍은벽산
아파트
홍은종합
사회복지관
CU
홍은도담
도서관
북한산삼부르네상스
(20년10월예정)
극동아파트
홍은
노인복지센터
포방골소공원
포방터시장
홍은1동
주민센터
서울여자
간호대학교
서울홍은
초등학교
동림아파트
마체스터
아파트
서울홍제3동
우편취급국
홍은
유원하나
아파트
태영으뜸
아파트
채우석
이비인후과의원
홍제3동
주민센터
홍제근린공원
홍제3동
사랑의
인왕중학교

서울 강북 지역

교통, 교육, 의료, 생활, 편의 인프라를 모두 갖춘 마포프레스티지자이

- 서울시 마포구 염리동
- 입주 : 2021년 3월

마포구 염리동 507번지 일대 염리3구역 재개발 아파트인 '마포프레스티지자이'는 지하 5층부터 지상 27층, 18개동으로 전용면적이 59~114m²인 총 1,694세대 규모로 이루어진 아파트이다. 이 중 전용면적별로 △ 59m² 142세대, △ 84m² 189세대, △ 114m² 65세대 등 396세대가 일반분양되었다. 전용면적 3.3m²당 평균 분양가는 2,600만 원선으로, 59m²의 최저분양가는 4억 6,800만 원, 최대분양가는 8억 3,700만 원이다. 또한 84m²는 최저 5억 8,600만 원, 최고 10억 원, 114m²는 최저 9억 200만 원, 최고 13억 1,800만 원이었다. 동형 평형대 최저가와 최고가의 분양가 차이가 커서 저층 최저분양자가 큰 혜택을 볼 것으로 예상되었다. 분양 당시 길 건너편의 신촌그랑자이는 분양권이 12억 원에 거래되었고 포래미안푸르지오는 12억 4,000만 원에 거래된 만큼 주변 시세 대비하여 향후 큰 수익이 예상되었다.

예상했던 대로 '마포프레스티지자이'는 2018년 4월 청약 경쟁률 측면에서 인기를 모았다. 금융결제원에 따르면, 1순위 청약에서 300세대에 1만 4,995명이 접수, 평균 49.98 대 1의 경쟁률을 기록했다. 최고 경쟁률은 3세대 모집에 877명이 청약해 282.3대 1을 기록한 59G㎡ 타입이었다. 전용 59A㎡는 29.81 대 1(21세대 모집, 626명 지원), 전용 59B㎡는 61.29 대 1(7세대 모집, 429명 지원), 전용 59C㎡는 14.4 대 1(15세대 모집, 216명 지원), 전용 59D㎡는 33.75 대 1(8세대 모집, 270명 지원), 전용 59F㎡는 35.31 대 1(49세대 모집, 1,730명 지원), 전용 84A㎡는 66.25 대 1(12세대 모집, 795명 지원), 전용 84B㎡는 83.57 대 1(23세대 모집, 1,922명 지원)의 높은 경쟁률로 마감되었다.

마포구의 교통 요충지

'마포프레스티지자이'는 주변에 현대백화점, 이마트, 그랜드마트 등 다양한 편의시설이 즐비하다. 이대 앞 패션거리와 홍대 걷고 싶은 거리 등 젊은이들의 명소와 신촌세브란스병원, 마포아트센터 등 누릴 수 있는 생활 인프라를 모두 가지고 있다. 지하철 2호선 이대역, 6호선 대흥역이 도보권에 위치해 있으며 지하철 5호선, 공항철도 공덕역, 경의중앙선 신촌역이 모두 인접해 있어 여의도, 광화문, 시청, 서울역 등 중심업무지구로 편리하게 출·퇴근이 가능하다. 또한 단지 인근에 마포대교, 서강대교, 강변북로, 올림픽대로 등이 근접해 있어 서울 주요지역과 수도권지역으로 이동할 수 있다는 점도 장점으로 꼽힌다.

한편 '마포프레스티지자이'는 아현뉴타운의 중심에 위치하고 북아현뉴타운 개발의 후광효과를 누리며 주변 신촌그랑자이, 공덕자이, 마포자이1,2,3차 등이 위치해 대단지 주거타운 형성으로 서울에서도 각광을 받는 주거지역으로 판단된다.

기본 개요

- **지하철** 2호선 이대역(400m), 5호선 애오개역(700m), 6호선 대흥역(800m) 등
- **도로** 대흥로(150m), 신촌로(400m), 마포대로(700m), 강변북로(1.8km) 등
- **학교** 한서초(150m), 숭문중(300m), 숭문고(300m), 서울여고(550m) 등
- **편의시설** 쌍룡산근린공원(200m), 현대백화점(1.1km), 신촌세브란스병원(1.2km) 등

단지 개요

- **단지명** 마포프레스티지자이(염리 3구역 재개발)
- **위치** 마포구 염리동 507
- **규모** B5~27층 18개동 1,694세대(일반분양 396세대)
- **입주** 2021.03

공급면적		전용면적		세대수			분양가(만원)	
m^2	평	m^2	평	일반	특별	합계	최고가	평당
79.91	24.17	59.78A	18.08	21	9	30	83,100	3,438
81.45	24.64	59.92B	18.13	7	3	10	72,500	2,943
79.97	24.19	59.83C	18.10	14	6	20	83,100	3,435
80.55	24.37	59.89D	18.12	8		8	71,700	2,943
80.55	24.37	59.87F	18.11	48	23	71	83,700	3,435
81.79	24.74	59.94G	18.13	3		3	65,500	2,647
112.01	33.88	84.96A	25.70	12	3	15	90,700	2,677
113.28	34.27	84.94B	25.69	23	6	29	86,800	2,533
111.14	33.62	84.73C	25.63	39	16	55	89,800	2,671
112.62	34.07	84.80D	25.65	25	10	35	82,100	2,410
112.17	33.93	84.94E	25.69	39	16	55	100,000	2,947
150.55	45.54	114.72A	34.70	26	2	28	131,800	2,894
150.33	45.47	114.91B	34.76	33	4	37	131,600	2,894
합계				298	98	396	-	-

※ 임대 295세대 / 조합원 992세대 / 보류지 11세대 제외

위치

대입구역
2호선
다모토리
노브랜드
삼거리꽃길
e편한세상신촌
아파트
아현역
김대중도서관
CGV
이대역
아현시장
팟빵홀
하나로마트
현대백화점
신촌점
대흥동
주민센터
소금길
서울창천
초등학교
현대벤처빌
아파트
신촌태영데시앙
아파트
서울한서
초등학교
마포래미안
푸르지오아파트
노고산
(104.5m)
신촌연세병원
효성인텔리안
오피스텔
와우산
(101m)
창전삼성
아파트
서강대학교
곤자가컨벤션
숭문고등학교
마포자이
3차아파트
서울마포
경찰서
공덕래미안
4차아파트
마포자이
2차아파트
염리삼성래미안
아파트
서강쌍용예가
아파트
마포소방서
공덕래미안
3차아파트
6호선
광흥창역
대흥역
서울여자
고등학교
서강해모로
아파트
신수동
주민센터
마포세무서
아현동
주민센터

서울 강북 지역

대형 공원과 중심 상업지구, 서울의 뉴욕을 꿈꾼다
용산센트럴파크헤링턴스퀘어

- 서울시 용산구 한강로3가
- 입주 : 2020년 8월

용산구 한강로3가 국제빌딩 주변 제4구역 도시환경정비사업으로 진행하는 '용산센트럴파크헤링턴스퀘어'는 상업지역 내 주상복합으로 지하 5층부터 지상 43층, 5개동 1,140세대 규모로 이 중 687세대가 일반분양되었다. 일반분양 물량은 타입별로 △ 92㎡ 57세대, △ 102㎡ 238세대, △ 114㎡ 371세대, △ 135㎡ 21세대로 중형, 대형으로 구성된다. 단지 앞에 광화문 광장 수준의 대규모 문화공원인 파크웨이와 용산민족공원이 조성되며 한강조망이 가능해 수요자들의 관심이 높았다.

'용산센트럴파크헤링턴스퀘어'는 주한미군기지의 평택 이전 본격화로 해당 부지를 미국 뉴욕의 배터리 파크(Battery Park)나 독일 베를린의 포츠다머 플라츠(Postdamer Platz)와 같은 대규모 공원과 건물이 조화를 이루는 주거,

상업, 문화 복합지구를 기본 콘셉트로 조성된다. 단지 내에 업무, 공공, 상업시설을 갖춘 편리함을 내세울 수 있는 한편, 대규모 개발호재를 지닌 용산의 비전과 풍부한 생활 인프라 등이 눈에 띄는 장점이다. 1호선, 경의중앙선, KTX 용산역, 4호선 신용산역을 통해 도심권 및 지방을 편리하게 이동할 수 있으며, 용산~신사~강남을 잇는 신분당선 연장사업도 진행되고 있어 교통의 요충지로서 갈수록 그 역할이 커질 것으로 기대된다. 쾌적한 녹지공간과 다양한 생활 편의시설이 인접해 있어 풍부한 생활 인프라를 누릴 수 있다.

그중에서 가장 큰 호재로는 243만㎡ 규모의 초대형 국책사업인 '용산민족공원'이 대규모 녹지와 호수를 배경으로 시민들을 위한 커뮤니티 공간으로 조성될 예정이다. 그리고 무엇보다 단지 주변으로 한강초, 남정초, 용산공고, 보성여고, 신광여고, 성심여고 등 다양한 초, 중, 고 학군이 인접해 있어 교육환경이 우수하다.

높은 분양가를 수긍하게 만드는 인프라

2017년 7월 분양 당시 '용산센트럴파크헤링턴스퀘어'의 평균 분양가는 3.3㎡당 3,630만 원선이었다. 주택형별로 92㎡는 최저 14억 4,900만 원부터 최고 16억 1,400만 원선, 102㎡는 최저 14억 5,100만 원부터 최고 18억 3,200만 원선, 114㎡는 최저 15억 3,900만 원부터 최고 19억 8,400만 원선, 135㎡는 최저 19억 5,000만 원부터 최고 23억 3,100만 원선이다. 인근으로 비교 대상인 파크타워, 시티파크보다는 같은 평형대 대비 조금은 높게 분양 금액이 책정된 감은 있지만, 대단지 규모의 신축과 주변 생활 인프라를 감안하면 충분히 경쟁력 있는 분양가 책정이라고 생각된다.

이에 따라 597세대(특별공급 제외)를 모집한 '센트럴파크헤링턴스퀘어'는 총 2,117명이 몰리며 평균 3.54 대 1의 경쟁률을 기록했다. 이 중 전용 92A㎡는

15세대 모집에 1순위 당해 지역에서만 396명이 몰려 26.40 대 1의 최고 경쟁률을 나타냈으며, 전용 92B㎡는 20.94 대 1(16세대 모집, 335명 지원), 전용 92C㎡는 15.41 대 1(22세대 모집, 339명 지원), 전용 102㎡는 1.55 대 1(236세대 모집, 366명 지원), 전용 114A㎡는 1.70 대 1(174세대 모집, 295명 지원), 전용 114B㎡는 1.91 대 1(186세대 모집, 356명 지원), 전용 135㎡는 1.43 대 1(21세대 모집, 30명 지원)의 경쟁률을 보였다.

기본 개요

- **지하철** 4호선 신용산역(280m), 1호선·경의중앙 용산역(400m) 등
- **도로** 한강대로(200m), 서빙고로(100m), 천호대로(300m), 강변북로(650m) 등
- **학교** 한강초(230m), 용강중(850m), 용산공고(200m), 중경고(1.1km), 용산고(2.4km) 등
- **편의시설** 한마음공원(340m), 국립중앙박물관(1.4km), 전쟁기념관(1.4km), 용산가족공원(1.5km) 등

단지 개요

- **단지명** 용산센트럴파크헤링턴스퀘어(용산국제빌딩 주변 제4구역 도시환경정비 사업)
- **위치** 용산구 한강로3가 63-70
- **규모** B5~43층 5개동 1,140세대(일반분양 687세대)
- **입주** 2020.8

공급면적		전용면적		세대수			분양가(만원)	
m^2	평	m^2	평	일반	특별	합계	최고가	평당
130.47	39.47	92.73A	28.05	14	3	17	161,400	4,089
128.77	38.95	92.91B	28.11	15	3	18	159,400	4,092
128.00	38.72	92.17C	27.88	19	3	22	159,200	4,112
142.38	43.07	102.86	31.12	207	31	238	183,200	4,254
160.40	48.52	114.89A	34.75	155	23	178	198,400	4,089
158.78	48.03	114.50B	34.64	169	24	193	197,300	4,108
188.50	57.02	135.38	40.95	18	3	21	233,100	4,088
합계				597	90	687	-	-

※ 임대 194세대 / 조합원 259세대 제외

위치

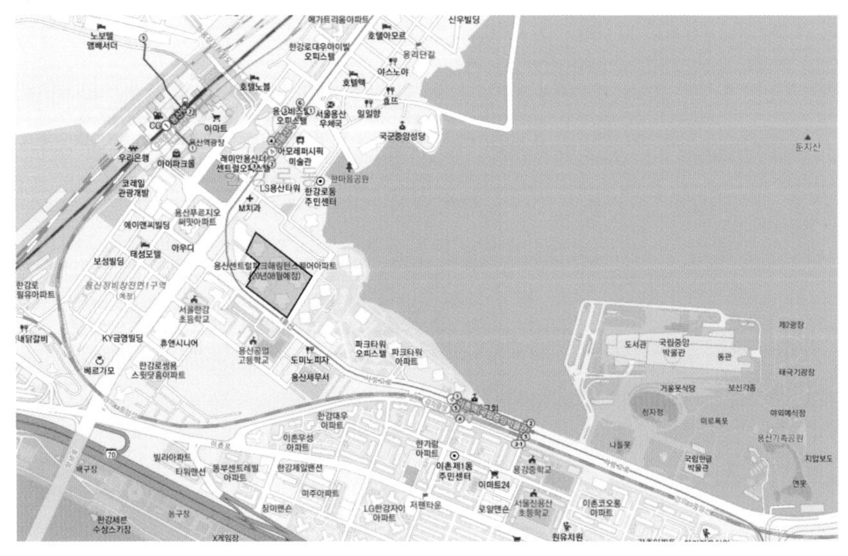

예가트리움아파트
신우빌딩
노보텔 앰배서더
호텔아모르
한강로대우아이빌 오피스텔
용리단길
아스노야
호텔노블
호텔택
효뜨
서울용산 우체국
일일향
이마트
국군중앙성당
용산역광장
아모레퍼시픽 미술관
우리은행
아이파크몰
둔지산
코레일 관광개발
LS용산타워
한강로동 주민센터
M치과
용산푸르지오 써밋아파트
예이앤씨빌딩
태성모텔
아우디
보성빌딩
용산센트럴파크해링턴스퀘어아파트
(20년08월예정)
한강로 벽산아파트
서울한강 초등학교
KY금영빌딩
휴엔시니어
용산공업 고등학교
도미노피자
파크타워 오피스텔
파크타워 아파트
베르가모
한강로쌍용 스윗닷홈아파트
용산세무서
제2광장
도서관
국립중앙 박물관
동관
태극기광장
거울못식당
보신각종
청자정
미르폭포
야외예식장
한강대우 아파트
이촌우성 아파트
한가람 아파트
나들못
용산가족공원
빌라아파트
타워맨션
동부센트레빌 아파트
한강제일맨션
이촌제1동 주민센터
이마트24
용강중학교
국립한글 박물관
지압보도
미주아파트
장미맨숀
LG한강자이 아파트
저팬타운
로얄맨숀
서울신용산 초등학교
이촌코오롱 아파트
연못
한강세른 수상스키장
농구장
X게임장
원유치원

서울 강북 지역

숲세권 입지에 교통 호재를 품고 이어서 몰세권까지! 꿈의숲아이파크

- 서울시 성북구 장위동
- 입주 : 2020년 12월

'꿈의숲아이파크'는 성북구 장위동 장위7구역을 재개발한 단지로 지하 2층부터 지상 29층, 19개동 전용 59~111㎡이며 총 1,711세대로 조성된다. 이 중 조합원분과 임대세대를 제외한 일반분양 물량이 844세대이다. 대부분 중소형 면적으로 구성된 것으로 실수요자 수요를 반영하였다. 인접한 래미안장위포레카운티가 1순위 청약결과 22 대 1, 래미안장위퍼스트하이도 1순위 청약결과 21 대 1로 성공리에 청약되었고 '꿈의숲아이파크' 분양 당시 프리미엄이 5,000만 원 이상 형성되어 성공적인 청약이 예정되었다.

이러한 관심도는 높은 청약 경쟁률로 나타났다. 전체 485세대 모집에 7,260명이 지원해 평균 경쟁률 14.97 대 1을 기록하여 1순위로 청약이 마감됐다. 최고 경쟁률은 전용면적 111㎡로, 13세대 모집에 1,697명이 신청해 130.54 대 1

을 기록했다.

주택형별로는 전용면적 59A㎡가 14.18 대 1(88세대 모집, 1,248명 지원), 59B㎡는 10.41 대 1(39세대 모집, 406명 지원), 76㎡는 31.42 대 1(25세대 모집, 783명 지원), 84A㎡는 11.15 대 1(189세대 모집, 2,107명 지원), 84B㎡는 7.78 대 1(131세대 모집, 1,019명 지원)의 경쟁률을 기록했다.

숲, 공원, 산으로 둘러싸인 도심 속 유일무이한 아파트

'꿈의숲아이파크'의 최대 장점은 탁월한 입지를 들 수 있다. 66만여 ㎡로 서울에서 4번째로 큰 도심 속 공원인 북서울꿈의숲을 도보로 10분 내로 이용할 수 있고. 월계근린공원, 오동근린공원, 천장산 등 다수의 녹지공간이 있어 숲세권 아파트라 할 수 있다. 또한 롯데백화점, 현대백화점, 이마트, 홈플러스 등에 근접해 있으며 삼육의료원, 경희대학병원 등 다양한 편의시설을 누릴 수 있다. 지하철 6호선 들곶이역이 인접해 있으며, 1호선 광운대역과 4호선 미아사거리역도 이용할 수 있다. 광운대역에는 GTX-C노선이 들어오며, 동북권 경전철 북서울꿈의숲동문삼거리역이 2024년 개통한다. 단지 인근에는 내부순환도로, 동부간선도, 북부간선도로도 위치해 있어 수도권과 지방으로 이동이 편리하다.

기본 개요

- **지하철** 6호선 들곶이역(1.0km), 4호선 미아사거리역(1.7km), 1호선·경춘선 광운대역(1.2km) 등
- **도로** 들곶이로40길(100m), 들곶이로(170m), 장월로(200m), 월계로(360m) 등
- **학교** 장곡초(160m), 오현초(500m), 신창중(1.0km), 창문여고(1.3km), 광운대(800m) 등
- **편의시설** 북서울꿈의숲(700m), 이마트트레이더스(1.4km), 경희대병원(2.8km) 등

단지 개요

- **단지명** 꿈의숲아이파크(장위7구역 재개발)
- **위치** 성북구 장위동 189-3
- **규모** B2~29층 19개동 1,711세대(일반분양 844세대)
- **입주** 2020.12

공급면적		전용면적		세대수			분양가(만원)	
m²	평	m²	평	일반	특별	합계	최고가	평당
84.87	25.67	59.10A	17.88	88	68	156	49,800	1,940
85.30	25.80	59.49B	18.00	39	29	68	49,600	1,922
102.3	30.95	76.15	23.04	25	17	42	51,200	1,655
112.75	34.11	84.48A	25.56	189	143	332	62,200	1,824
113.64	34.38	84.47B	25.55	131		231	62,000	1,804
140.12	42.39	111.83	33.83	13	2	15	67,700	1,597
합계				485	259	844	-	-

※ 임대 295세대 / 조합원 564세대 / 보류지 8세대 제외

위치

목동의 인프라를 누릴 수 있다! 래미안목동아델리체

- 서울시 양천구 신정동
- 입주 : 2021년 1월

양천구 신정동 1175-28일대 신정뉴타운 2-1구역을 재개발하는 '래미안목동아델리체'는 지하 1층부터 지상 27층, 23개 동으로 전용면적 39~115㎡이며 1,497세대 규모로 조성된다. 이 중 일반분양은 △ 59㎡ 181세대, △ 84㎡ 392세대, △ 115㎡ 71세대로 총 644세대이다. 입주는 2021년 1월이다.

'래미안목동아델리체'가 관심을 받는 이유는 목동과 근접해 있고 지하철 2호선 신정네거리역이 붙어 있으며 국회대로를 통하여 여의도 진입이 수월하고 남부순환로를 통해 교통망을 누릴 수 있는 입지환경 때문이다. 오목교역 근처에 있는 이마트, 홈플러스, 행복한 백화점, 현대백화점과 이대목동병원 등 편의, 문화생활을 누릴 수 있으며 계남근린공원, 신트리공원, 장수공원이 근접해 있어 주거환경도 쾌적하다.

남영초, 신남중, 백암고, 양천고 등으로 도보권 통학이 가능하고 인접한 목동 학원가를 이용할 수 있어 교육환경도 비교적 우수한 입지이다. 평형대도 중소형 위주로 이루어져 있고 목동 생활권임에도 행정구역상 신정동에 속해서 목동보다 현저하게 저렴한 가격으로 분양되어 실소유자에게 인기가 많았다. 목동의 교육환경과 생활 인프라를 누릴 수 있다는 점에서 가격대비 상당한 장점을 가진 단지라고 볼 수 있다. 신정뉴타운은 총 7개 구역 가운데 4개가 개발이 완료되었고 남은 구역들도 현재 개발이 순조롭게 진행되고 있으며 목동 재건축 이슈에 반사효과를 톡톡히 보는 지역이라고 할 수 있다.

로또 분양이라는 명성에 맞는 높은 경쟁률

'래미안목동아델리체'는 뛰어난 목동 생활권 입지를 토대로 2018년 6월 청약 당시 10,000여 개 이상의 청약통장을 끌어들여 로또 분양이라는 말이 나올 정도로 대단했다. 일반공급 물량 중 특별공급 물량을 제외한 399세대 모집에 총 10,190명이 몰려 총 경쟁률 26 대 1을 기록하며 전 타입 1순위 서울지역 마감에 성공했다. 전용면적 59A㎡ 타입의 경우 82세대 모집에 3,051명이 몰려 37.21 대 1로 1순위 마감됐으며, 10세대를 공급했던 전용 59B㎡는 598명이 몰려 59.8 대 1로 1순위 최고 경쟁률을 기록했다. 전용 59C㎡는 51.73 대 1(11세대 모집, 569명 지원), 전용 84A㎡는 19.24 대 1(51세대 모집, 981명 지원), 전용 84B㎡는 13.61 대 1(38세대 모집, 517명 지원), 전용 84C㎡는 36 대 1(5세대 모집, 180명 지원), 전용 84D㎡는 23.95 대 1(63세대 모집, 1,509명 지원), 전용 84E㎡는 17.92 대 1(26세대 모집, 466명 지원), 전용 84F㎡는 14.81 대 1(42세대 모집, 622명 지원), 전용 115㎡는 23.9 대 1(71세대 모집, 1,697명 지원)의 경쟁률을 기록하였다.

기본 개요

- **지하철** 2호선 신정네거리역(140m), 5호선 신정역(700m) 등
- **도로** 중앙로(140m), 신월로(260m), 신정로(670m), 남부순환로(1.1km), 신월IC(1.6km) 등
- **학교** 신남초(690m), 신기초(850m), 양강중(700m), 목동중(1.7km), 목동고(1.4km) 등
- **편의시설** 계남근린공원(650m), 현대백화점(2.3km), 목동이마트(1.8km), 양천구청(1.3km) 등

단지 개요

- **단지명** 래미안목동아델리체(신정뉴타운 2-1구역 재개발)
- **위치** 양천구 신정동 1175-28
- **규모** B1~27층 23개동 1,497세대(일반분양 644세대)
- **입주** 2021.01

공급면적		전용면적		세대수			분양가(만원)	
m^2	평	m^2	평	일반	특별	합계	최고가	평당
83.66	25.31	59.82A	18.10	82	60	142	62,100	2,454
83.23	25.18	59.98B	18.14	10	9	19	64,900	2,578
82.90	25.08	59.82C	18.10	11	9	20	66,800	2,664
109.43	33.10	84.94A	25.69	51	37	88	87,500	2,643
108.52	32.83	84.72B	25.63	38	32	70	86,300	2,629
126.76	38.34	84.84C	25.66	5		5	93,600	2,441
111.35	33.68	84.90D	25.68	63	46	109	85,000	2,524
110.59	33.45	84.95E	25.70	26	19	45	87,500	2,616
110.41	33.40	84.58F	25.59	42	33	75	87,300	2,614
152.68	46.19	115.97	35.08	71		71	109,100	2,362
합계				399	245	644	-	-

※ 임대 266세대 / 조합원 572세대 / 보류지 15세대 제외

위치

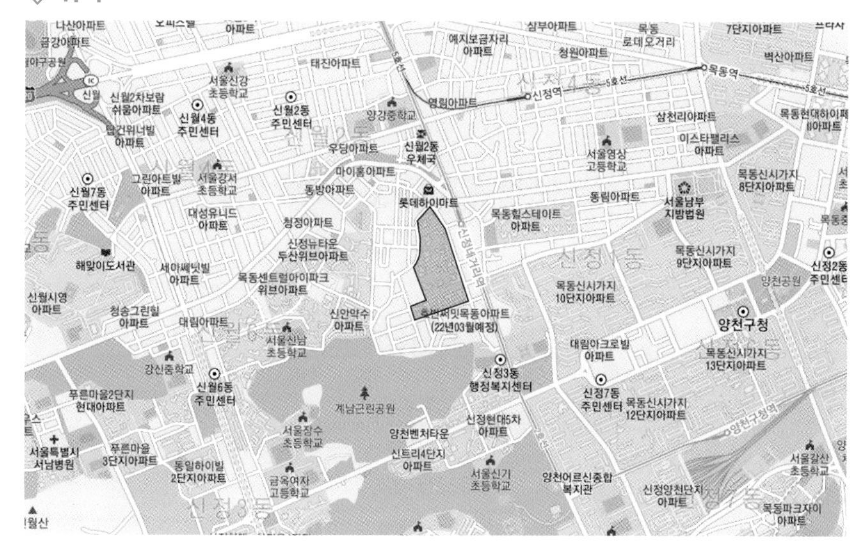
나산아파트
금강아파트
태진아파트
서울신강 초등학교
신월
신월2차보람 쉬움아파트
신월4동 주민센터
신월2동 주민센터
양강중학교
영림아파트
신정역
5호선
목동역
예지보금자리 아파트
삼부아파트
목동 로데오거리
7단지아파트
청원아파트
벽산아파트
삼천리아파트
목동현대하이페 II아파트
이스타팰리스 아파트
서울영상 고등학교
탑건위너빌 아파트
우당아파트
신월2동 우체국
마이홈아파트
그린아트빌 아파트
서울강서 초등학교
신월7동 주민센터
동방아파트
롯데하이마트
동림아파트
서울남부 지방법원
목동신시가지 8단지아파트
대성유니드 아파트
청정아파트
목동힐스테이트 아파트
신정뉴타운 두산위브아파트
신정네거리역
해맞이도서관
세아쎄닛빌 아파트
목동센트럴아이파크 위브아파트
목동신시가지 9단지아파트
신정2동 주민센터
양천공원
목동신시가지 10단지아파트
신월시영 아파트
청송그린힐 아파트
대림아파트
신안약수 아파트
(22년03월예정)
양천구청
서울신남 초등학교
대림아크로빌 아파트
목동신시가지 13단지아파트
강신중학교
신월6동 주민센터
신정3동 행정복지센터
푸른마을2단지 현대아파트
계남근린공원
신정7동 주민센터
목동신시가지 12단지아파트
서울장수 초등학교
양천벤처타운
신정현대5차 아파트
양천구청역
서울특별시 서남병원
푸른마을 3단지아파트
동일하이빌 2단지아파트
신트리4단지 아파트
서울신기 초등학교
서울갈산 초등학교
금옥여자 고등학교
양천어르신종합 복지관
신정양천단지 아파트
목동파크자이 아파트
신정3동

신길뉴타운을 이끌 차세대 대표주자 힐스테이트클래시안

- 서울시 영등포구 신길동
- 입주 : 2020년 10월

영등포구 신길뉴타운9구역에 들어서는 '힐스테이트클래시안'은 지하 4층부터 지상 29층, 14개 동으로 전용면적이 39~114㎡이며 1,476세대로 구성된다. 이 중 701세대가 일반 분양이며, 입주는 2020년 10월이다.

'힐스테이트클래시안'은 신길뉴타운 개발이라는 호재를 가지고 있으며 신림선, 경전철, 신안산선 등의 편리한 교통 인프라가 장점이다. 또한, 롯데백화점 영등포점, 타임스퀘어, 신세계백화점 영등포점과 보라매공원, 강남성심병원 등이 근접해 있어 다양한 생활 인프라가 풍부하다. 지하철 7호선 신풍역은 역세권이고 1·5호선 신길역이 인접해 있어 1·5·7·9호선 이용이 원활하며 신안산선이 개통되면 강남과 여의도 접근성이 훨씬 수월해질 전망이다. 단지 인근에 대방초, 대영초, 우신초, 대영중, 대영고가 있어 교육환경도 우수하다.

2017년 11월 분양 시 모델하우스 오픈과 동시에 많은 방문객으로 관심을 모았던 '힐스테이트클래시안'은 일반 분양가가 3.3m²당 2,100만 원선으로, 전용 84m²의 경우 7.2억 원선이다. 이러한 분양가는 주변에 2017년에 입주한 래미안에스티움이 8.7억, 2015년에 입주한 래미안영등포프레비뉴의 경우 7.5억 원임을 감안하면 '힐스테이트클래시안'이 신축과 대단지라는 측면에서 충분히 장점이 있는 가격이다.

직접적인 비교가 가능한 래미안에스티움에 비해 상대적으로 저렴하게 분양함으로써 자연스럽게 청약 경쟁률에 대한 관심이 높을 수밖에 없었다. 타입별로는 전용면적 49m²가 6세대 모집에 873명이 청약해 145.5 대 1의 최고 경쟁률을 기록했다. 42Bm²는 14.79 대 1(43세대 모집, 636명 지원), 59Am²는 12.71 대 1(143세대 모집, 1,818명 지원), 59Bm²는 6.8 대 1(98세대 모집, 666명 지원), 84Am²는 9.4 대 1(171세대 모집, 1,607명 지원), 84Bm²는 7.26 대 1(66세대 모집, 479명 지원), 114Am²는 38.55 대 1(11세대 모집, 424명 지원)의 경쟁률을 보였다.

기본 개요

- **지하철** 7호선 신풍역(450m), 1호선 영등포역(1.2km) 등
- **도로** 증가로(10m), 거북골로(10m), 여의대방로(850m), 여의대로(2km) 등
- **학교** 대방초(670m), 대영초(500m), 우신초(600m), 신길중(400m), 성남고(1.2km) 등
- **편의시설** 보라매공원(1.3km), 한림대학교 강남성심병원(1.2km), 용마산(1.6km), IFC몰(2.6km) 등

단지 개요

- **단지명** 힐스테이트클래시안(신길뉴타운 9구역 재개발)
- **위치** 영등포구 신길동 240-16
- **규모** B4~29층 14개동 1,476세대(일반분양701세대)
- **입주** 2020.10

공급면적		전용면적		세대수			분양가(만원)	
m²	평	m²	평	일반	특별	합계	최고가	평당
62.45	18.89	42.68	12.91	43	16	73	30,100	1,593
72.28	21.86	49.70	15.03	6		121	34,090	1,559
85.08	25.74	59.91A	18.12	128	62	549	58,010	2,254
85.19	25.77	59.87B	18.11	90	39	139	58,000	2,251
112.00	33.88	84.86A	25.67	150	72	338	72,990	2,154
111.77	33.81	84.99B	86.00	57	26	86	72,990	2,159
143.90	43.53	114.95	34.77	11	1	24	82,800	1,902
합계				485	216	701	-	-

※ 임대 266세대 / 조합원 504세대 / 보류지 5세대 제외

위치

서울 강남 지역

당신이 알던 예전의 대림동이 아니다! e편한세상영등포아델포레

- 서울시 영등포구 대림동
- 입주 : 2020년 7월

영등포구 대림동 917-49번지(대림3주택 재건축)에 들어서는 'e편한세상영등포아델포레'는 e편한세상 보라매 2차로 분양하였으나 향후 명칭이 바뀌었다. 지하 3층부터 지상 21층, 13개 동으로 총 859세대로 구성된 단지이다. 이 중 전용면적 △ 59A㎡ 66세대, △ 59B㎡ 81세대, △ 59C㎡ 63세대 △ 84A㎡ 206세대, △ 84B㎡ 48세대, △ 84C㎡ 126세대, 총 626세대가 일반분양되었다. 2020년 7월 입주를 시작했다.

'e편한세상영등포아델포레'는 지하철 7호선 신풍역, 2호선 구로디지털역과 신길로, 디지털로, 여의대방로, 대림로 등을 이용해 여의도, 신길뉴타운, 강남, 가산 등 수도권의 다양한 지역으로 접근할 수 있다는 위치적 측면에서의 장점을 확보하고 있다.

신길뉴타운의 낙수효과 기대

강남성심병원, 대림성모병원 등의 병원이 도보 5~8분 내외의 거리에 위치해 있으며, 재래시장, 대형마트 등의 편의시설이 도보 5분 거리에 인접해 있다. 대신초, 창천초, 용강초, 대방중, 수도여고 등 교육시설의 도보 접근성도 매우 뛰어난 편이다. 보라매 생활권에 약 1만 세대 규모의 신길뉴타운이 형성됨으로써 새로운 주거타운으로 각광을 받고 있으며 주택공급이 부족하고 노후 아파트가 많은 이 일대에서 신축 아파트라는 장점으로 가치가 상승하고 있다. 또한 서울에서 뉴타운으로서는 두 번째로 규모가 큰 신길뉴타운의 영향을 받아 교육과 교통 같은 생활 인프라도 앞으로 개선될 예정이다.

또한 여의도~광명~안산을 잇는 신안산선이 개통되면 여의도에 근무하는 직장인의 출퇴근이 용이해짐에 따라 교통 여건이 대폭 향상될 것으로 기대되어 관심을 받고 있다.

기본 개요

- **지하철** 7호선 신풍역(600m), 2호선 구로디지털단지역(1.1km) 등
- **도로** 신길로(100m), 디지털로(10m), 여의대방로(300m), 대림로(550m) 등
- **학교** 대신초(300m), 창천초(300m), 용강초(800m), 대방중(570m), 수도여고(700m) 등
- **편의시설** 한림대학교강남성심병원(150m), 대림성모병원(400m), 보라매공원(1.1km) 등

단지 개요

- **단지명** e편한세상영등포아델포레(대림3주택 재건축)
- **위치** 영등포구 대림동 917-49
- **규모** B3~21층 13개동 859세대(일반분양 626세대)
- **입주** 2020.7

공급면적		전용면적		세대수			분양가(만원)	
m²	평	m²	평	일반	특별	합계	최고가	평당
82.72	25.02	59.96A	18.14	44	22	66	56,060	2,240
85.51	25.87	59.96B	18.14	56	25	81	55,840	2,159
87.16	26.37	59.97C	18.14	45	18	63	55,570	2,108
110.72	33.49	84.95A	25.70	140	66	206	67,860	2,026
109.72	33.19	84.99B	25.71	30	18	48	67,920	2,046
110.37	33.39	84.99C	25.71	106	56	162	67,980	2,036
합계				421	205	626	-	-

※ 임대 55세대 / 조합원 173세대 / 보류지 5세대 제외

위치

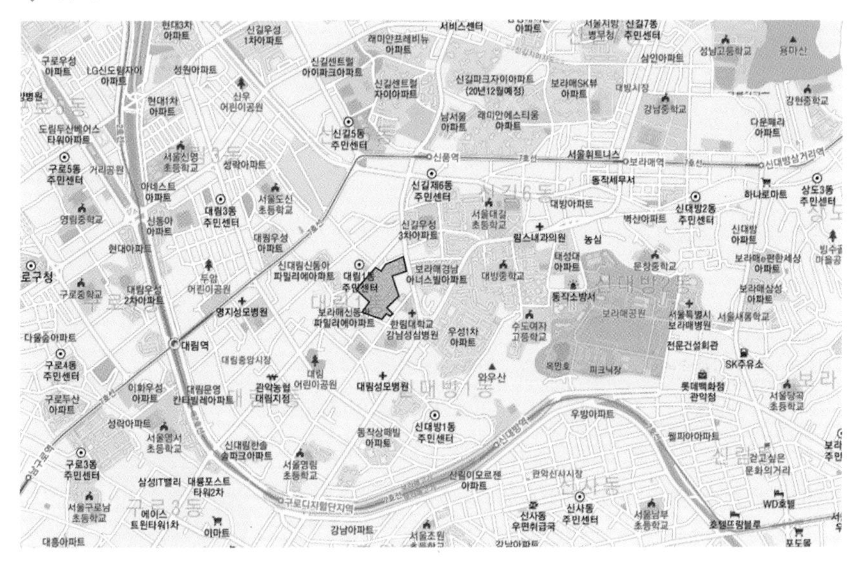

재건축을 거쳐 하이엔드 이미지로 탈바꿈한 디에이치라클라스

- 서울시 서초구 반포동
- 입주 : 2021년 5월

'디에이치라클라스'는 삼호가든 3차를 재건축하는 단지로 현대건설이 프리미엄 브랜드로 야심 차게 준비했다. 지하 4층부터 지상 35층, 6개 동으로 총 848세대를 조성하는 단지이다. 이 중 210세대가 일반분양되었다.

지하철 9호선 사평역, 3호선 교대역 등을 이용할 수 있고 3·7호선 고속버스터미널역이 인접해 있어 서울 어느 곳이든 갈 수 있는 사통팔달 입지로 강남권의 교통 요충지이다. 또한, 서리풀공원, 몽마르뜨공원, 신반포공원 등 다양한 공원과 신세계백화점, 뉴코아아울렛, 카톨릭대학교 서울성모병원, 서울중앙지방법원, 대법원 등이 인접해 있어 쾌적한 자연환경과 편리한 생활환경을 동시에 갖추었다. 서원초, 원명초, 원촌중, 반포고 등 도보권 내에 풍부한 교육시설이 위치하고, 삼호가든 사거리 학원가도 근접해 있어 그 가치가 더욱 상승하리라는 기대를 하게 한다. 이 밖에 반포지역을 한눈에 내려다볼 수 있는 탁트인 전망의 스카이라운지, 전망데크도 있어 차별화된 명품 커뮤니티 시설도 대거 조성될 예정이다.

높은 가격이 무색하게 치열했던 경쟁

2018년 12월 분양 당시 책정된 분양가는 3.3㎡당 평균 4,892만 원선으로 직전 강남권 분양단지였던 서초래미안리더스원(서초우성1차)의 분양가인 3.3㎡당 약 4,489만 원보다는 400여만 원 높게 책정되었으나 단지 규모나 현대건설 하이브랜드를 감안한 신규 아파트의 가치를 고려한다면 충분한 가격 경쟁력을 갖췄다는 평가다. 주택형별로는 △ 50㎡ 9억 3,800만~12억 6,100만 원, △ 84㎡ 14억 6,900만~17억 4,200만 원, △ 104㎡ 17억 100만 원, △ 132㎡ 21억 1,200만~22억 7,700만 원에서 분양가가 책정되었다.

이러한 입지적인 장점과 분양가 경쟁력 등에 따라 '디에이치라클라스'는 1순위 청약 결과 210세대(특별공급 제외) 모집에 5,028명이 몰려 평균 23.94 대 1의 경쟁률을 기록했다. 전용면적 104B㎡는 1세대 모집에 412명이 신청하며 412 대 1의 최고 경쟁률을 기록하였다. 전용 면적별 청약 경쟁률은 50㎡A는 23.54 대 1(24세대 모집, 565명 지원), 59㎡B는 44.96 대 1(24세대 모집, 1,079명 지원), 59㎡C는 96 대 1(2세대 모집, 192명 지원), 84㎡A는 22 대 1(13세대 모집, 286명 지원), 84㎡B는 11.25 대 1(32세대 모집, 360명 지원), 84㎡C는 10.82 대 1(77세대 모집, 833명 지원), 84㎡D는 8.19 대 1(32세대 모집, 262명 지원), 104㎡B는 412 대 1(1세대 모집, 412명 지원), 115㎡A는 378 대 1(2세대 모집, 756명 지원), 132㎡A는 94.33 대 1(3세대 모집, 283명 지원)의 경쟁률을 기록하여 높은 가격에도 불구하고 인기리에 청약을 마감했다.

기본 개요

- **지하철** 9호선 사평역(350m), 3·7·9호선 고속터미널역(800m), 2호선 교대역(850m) 등
- **도로** 서초중앙로(150m), 사평대로(400m), 서초대로(700m), 경부고속도로(450m) 등
- **학교** 원명초(250m), 서원초(250m), 서일중(700m), 반포고(250m) 등
- **편의시설** 서리풀공원(650m), 카톨릭대학교 서울성모병원(800m), 국립중앙도서관(1km) 등

단지 개요

- **단지명** 디에이치라클라스(삼호가든 3차 재건축)
- **위치** 서초구 반포동 32-8
- **규모** B4~35층 6개동 848세대(일반분양 210세대)
- **입주** 2021.05

공급면적		전용면적		세대수			분양가(만원)	
m^2	평	m^2	평	일반	특별	합계	최고가	평당
69.11	20.91	50.98A	15.42	24	-	24	105,200	5,032
81.05	24.52	59.99B	18.15	24	-	24	103,600	4,226
81.80	24.74	59.99C	18.15	2	-	2	124,700	5,040
111.35	33.68	84.96A	25.70	13	-	13	165,600	4,916
112.19	33.94	84.98B	25.71	32	-	32	174,700	5,148
112.57	34.05	84.98C	25.71	77	-	77	174,200	5,116
112.73	34.10	84.97D	25.70	32	-	32	165,600	4,856
138.76	41.97	104.98B	31.76	1	-	1	170,100	4,052
151.46	45.82	115.94A	35.07	2	-	2	192,400	4,199
173.86	52.59	132.98A	40.23	3	-	3	227,700	4,330
합계				210	-	210	-	-

※ 임대 128세대 / 조합원 506세대 / 보류지 4세대 제외

위치

반포경남
아파트
반포팰리스
아파트
나나성형
외과의원
센트럴시티
터미널
반포1동
주민센터
신반포역
사평역
신논현역
산호
선경빌딩
교보타워
GS칼텍스
래미안서초
스위트아파트
오클라우드
호텔
청돈
장례식장
서래파출소
가톨릭대학교
서울성모병원
반포미도
1차아파트
반포래미안
아이파크아파트
반포고등학교
CGV
서울원명
초등학교
롯데캐슬
클래식아파트
메가박스
서울지방
조달청
한신서래
아파트
스타벅스
반포원
서초래미안
아파트
서울서초
초등학교
아크로
비스타아파트
강남역
서리풀공원
진흥아파트
메가박스
롯데캐슬
아파트
반포4동
주민센터
국립중앙
도서관
유원서초
아파트
삼성전자
서울중앙
지방법원
서초4동
민원분소
서초경찰서
서울중앙
지방검찰청
서초파라곤
오피스텔
방배중학교
대검찰청
정곡빌딩서관
교대역
서초삼성
래미안아파트
서운중학교
로이어즈타워

입주민 전용 영화관을 도입한 최초의 아파트 서초그랑자이

- 서울시 서초구 서초동
- 입주 : 2021년 6월

서초구 서초동 서초무지개아파트를 재건축한 '서초그랑자이'는 한동안 보이지 않던 로또 아파트 분양에 대한 매스컴 기사가 재등장할 만큼 수요자들에게 많은 관심을 유발했던 분양단지이다. 지하 4층부터 지상 35층, 9개동 총 1,446세대(전용 59~148㎡) 규모로 조성되며, 이 중 174세대가 일반분양되었다. 일반분양 물량은 전용면적 기준으로 △ 59㎡ 88세대, △ 74㎡ 82세대, △ 84㎡ 1세대, △ 100㎡ 2세대, △ 119㎡ 1세대이다. 분양가는 3.3㎡당 평균 4,891만 원 정도로, 전용 59㎡의 총 분양가는 13억 원 내외이며, 74㎡는 15억 원 내외, 84㎡는 14.5억 원 내외, 100㎡는 16억 원 내외, 119㎡는 18.9억 원 내외로 책정됐다.

'서초그랑자이'의 최대 장점은 그동안 신축아파트의 단점이라 할 수 있는 좁은 동간 이격거리를 개선했다는 것이며, 아파트 중앙광장에는 축구장의 약 3배 크기 공원을 조성하여 주거환경의 쾌적성을 살렸다. 도곡공원, 말죽거리공원이 근접해 있어 도심 속에서 자연친화적인 삶도 누릴 수 있다. 단연 교육여건도 훌륭하다. 서이초, 서운중이 단지와 인접하여 도보 통학이 가능하며 서초고, 양재고, 서울고 등이 인접한 서울 명문학군의 중심이라 할 수 있다.

높은 경쟁률이 입증한 인기

교통 및 각종 생활편의시설도 주변에 풍부하다. 지하철 2호선 강남역, 3호선 양재역과 남부터미널역을 도보로 이용할 수 있고 강남대로, 남부순환로, 서초IC가 인접해 있는 교통 핵심 중심지라 강남, 서남부권, 광역도시권으로 차량 접근성도 우수하다. 한전아트센터, 예술의전당, 국립중앙박물관에서 문화생활을 즐길 수 있으며 신세계백화점, 롯데백화점, 이마트, 메가박스, 교보문고, CGV 등 다채로운 생활 인프라를 누릴 수 있다.

분양 당시 정부의 9.13 부동산 대책 규제로 인한 반작용으로 강남권 신규 아파트 단지에 대한 기대감이 높은 상황에서 입지 여건까지 우수한 서초동 그랑자이에 대한 인기는 청약 결과에도 그대로 반영되었다. 지난 2019년 6월, 174세대 모집에 총 7,418명이 몰려 평균 42.63 대 1의 경쟁률로 1순위 마감되었고 당첨자 평균 가점도 69.69에 달한 만큼 분양에 성공했다. 이는 최근 2년간 강남권 분양 중 가장 높은 평균 당첨 가점이었다. 주택형별 최고 경쟁률은 전용 100B㎡로 1세대 모집에 711명이 몰리면서 711 대 1을 기록했다. 전용 59B㎡는 28 대 1(75세대 모집, 2,089명 지원), 59C㎡는 32 대 1(13세대 모집, 419명 지원), 74A㎡는 46 대 1(19세대 모집, 880명 지원), 74B㎡는 30 대 1(63세대 모집, 1,898명 지원), 84B㎡는 586 대 1(1세대 모집, 586명 지원), 100A

㎡는 426 대 1(1세대 모집, 426명 지원), 119㎡는 409 대 1(1세대 모집, 409명 지원)의 경쟁률로 전 타입 1순위로 마감되었다.

기본 개요

- **지하철** 3호선 양재역(750m), 2호선·신분당선 강남역(900m) 등
- **도로** 서운로(130m), 강남대로(450m), 남부순환로(600m), 서초IC(600m) 등
- **학교** 서이초(260m), 서운중(550m), 양재고(900m), 서초고(1.8km) 등
- **편의시설** 말죽거리공원(1.2km), 서초구청(850m), 연세대 강남세브란스병원(1.8km) 등

단지 개요

- **단지명** 서초그랑자이(서초무지개 재건축)
- **위치** 서초구 서초동 1335
- **규모** B4~35층 9개동 1,446세대(일반분양 174세대)
- **입주** 2021.06

공급면적		전용면적		세대수			분양가(만원)	
m^2	평	m^2	평	일반	특별	합계	최고가	평당
84.77	25.64	59.98B	18.14	75		75	131,300	5,120
84.48	25.56	59.99C	18.15	13		13	131,800	5,157
101.27	30.63	74.91A	22.66	19		19	153,200	5,001
102.21	30.92	74.98B	22.68	63		63	156,100	5,049
113.93	34.46	84.84B	25.66	1		1	145,200	4,213
100.31	30.34	100.31A	30.34	1		1	163,000	5,372
100.41	30.37	100.41B	30.37	1		1	163,100	5,370
148.80	45.01	119.41	36.12	1		1	189,200	4,203
합계				174		174	-	-

※ 임대 139세대 / 조합 1,119세대 / 보류지 14세대 제외

위치

서초그랑자이아파트
(21년06월예정)
서초경찰서
서울중앙
지방검찰청
서울중앙
지방법원
서초4동
민원분소
삼성선사
쌍용플래티넘
밸류아파트
역삼1동
주민센터
역삼브라운스
아파트
방배중학교
대검찰청
정곡빌딩서관
교대역
로이어즈타워
서초삼성
래미안아파트
서운중학교
서초파라곤
오피스텔
광성빌딩
보리호텔
홍우빌딩
프리우스
아파트
대법원
서초역
서초3파출소
서초롯데캐슬
메디치아파트
삼성
레포츠센터
서초2동
주민센터
역삼디오
슈페리움아파트
금호어울림
아파트
역삼월드
메르디앙아
서리풀공원
월드메르디앙
아파트
서초1동
주민센터
상보르아파트
강남역서희스타
힐스오피스텔
서초현대렉시온
오피스텔
SK-LPG
충전소
롯데마트
서초로얄
아파트
방배e편한세상
1차아파트
서초한빛삼성
아파트
국민건강
보험공단
서초롯데캐슬
리버티아파트
트라움하우스
아파트
스타벅스
은광여자
고등학교
BMW
트라움
하우스5차
서초트라팰리스
아파트
방배서리풀
그랑블아파트
서초아트
자이아파트
효성서초빌라
디월트
현대아파트
호텔페이토
서울언주
초등학교
서초중학교
캘리포니아
호텔
서울예술
신학교
서울서일
초등학교
우정에쉐르
아파트
장미아파트
양재역
서울양재동
우체국
서초트레저
아파트
방배서리풀
e편한세상아파트
서울고등학교
서초3동
주민센터
서초한신
아파트
서초
외교센터빌딩
서초구청
KT방배빌딩
방배역
서초e편한세상
1차아파트
서초래미안
4차아파트
신동아
아파트
한가람미술관
서울가정법원
브라운홈
상문고등학교
서울신중
초등학교
예술의전당
양재자동차
운전전문학원
햇불트리니티
신학대학원대학교
방배3동
주민센터
방배래미안
아트힐아파트
한국예술종합학교
서초동캠퍼스
우성아파트
일동제약
임광3차

단독주택지에서 명품 아파트단지로 거듭난 방배 5, 6구역 (디에이치방배, 아크로파크브릿지)

- 서울시 서초구 반포동
- 입주 : 미정

2020년 서초권에서 분양이 이뤄진 단지 중에서 위치나 규모 등에서 단연 대장주로 꼽히는 곳이 방배 5구역 재건축 단지이다. 현대건설이 서초구 방배동 946-8번지 일대를 재개발하는 사업장으로 지하 3층부터 지상 33층, 29개동 3,080세대 규모로 공급된다. 이 중에서 1,088세대가 일반분양이다. 장재터널(서리풀터널) 개통으로 강남역까지 차량 이용 시 15분 내에 이동 가능하여 강남접근성에 있어 최대 장점으로 뽑힌다. 방배6구역 '아크로파크브릿지'의 분양도 이루어져 향후 사용승인 시 대규모 주거단지가 형성될 것으로 보인다.

방배5구역 '디에이치방배'는 지하철 4·7호선 이수역, 7호선 내방역 도보 7분 거리에 위치하며 2, 4호선 사당역 이용도 불편함이 없다. 사업지 2km 이내에 서울남부터미널이 있어 다른 지역으로의 이동이 편리하다. 신방배초, 서문여중이 도보로 통학이 가능하고 세화고, 서울고, 상문고 등 명문 학교가 있어 교육시설 여건이 뛰어나다. 장재터널(서리풀터널) 개통에 따른 강남 접근성에 대한 편리함으로 인해 최근 사당동의 집값이 상승하고 있으므로 방배5구역도 향후 집값 상승이 기대된다.

청약 전략에 만전을 기하자

대림산업에서 공급하는 방배6구역 '아크로파크브릿지'도 관심을 가져볼 만하다. 2020년 12월경 선보인 아파트로 전체 1,131세대 중 약 470여 세대가 일반분양이다. 방배5구역보다 규모는 다소 작으나 유사입지에 동일한 혜택을 가지고 있다. 주변에 서리풀공원과 뒷벌어린이공원이 인접해 있고 한강까지 직선거리로 약 1.7km 떨어져 있다.

방배5구역과 동일하게 장재터널(서리풀터널) 개통 시 강남으로의 접근성이 뛰어나며 강남순환도로 사당IC, 경부고속도로 서초IC, 동작대교, 올림픽대로 이용에 편리하다. 방배초, 서래초, 서문여중, 서문여고, 서울고, 상문고 등이 인접해 있어 우수한 교육시설로 학부모들이 선호하는 단지이다. 7호선 이수역과 내방역 사이에 입지해 모두 도보 이용 가능하며 2·4호선 사당역과 2호선 방배역도 이용 가능하다.

편의시설로는 남성시장이 근접해 있으며 차량으로 10분 거리에 신세계백화점 강남점, 서울성모병원, 강남고속터미널 등이 있어 편리한 생활 인프라를 누릴 수 있다. 모든 여건들을 갖춘 단지라 높은 청약가점이 예상되고 실수요자 및 현금을 보유한 투자자라면 적극적으로 청약에 만전을 다해 보는 것도 좋은 방법이다.

단지 개요

구분	방배5구역(디에이치방배)	방배6구역(아크로파크브릿지)
위치	서울 서초구 방배동 946-8 일대	서울 서초구 방배동 814-4 일대
건축규모	지하3층~지상33층 29개동	지하3층~지상21층 16개동
가구수	총 3,080세대 중 일반분양1,088세대	총 1,131세대 중 일반분양 479세대
가구 구성	전용면적 59m²~175m²	전용면적 51m²~132m²
건설사	현대건설	대림산업
분양	2021년 11월	2021년 10월

위치

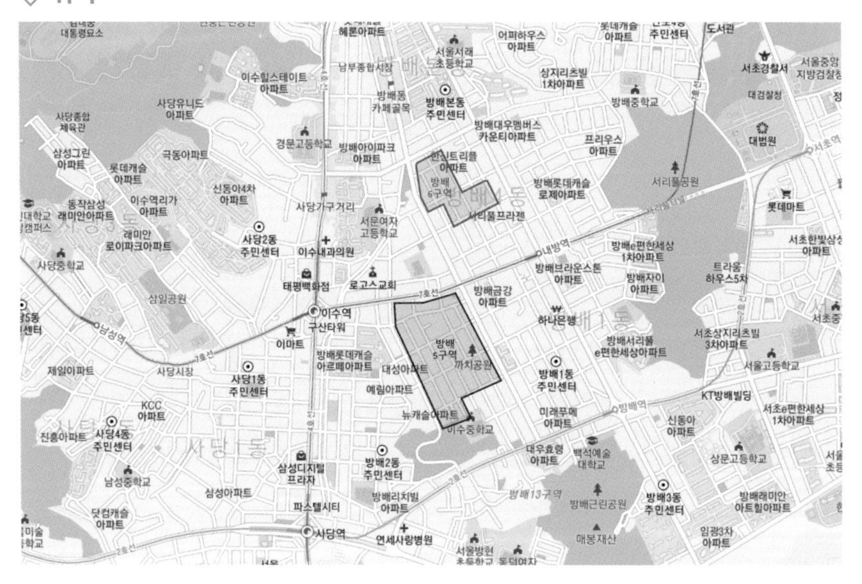

서울 강남 지역

차별화된 디자인과 입증된 브랜드로 승부수를 띄운다

반포동래미안아파트

(래미안원펜타스, 래미안원베일리)

- 서울시 서초구 반포동
- 입주 : 2023년 11월(래미안원펜타스)/2023년 8월(래미안원베일리)

반포동에서 제일 좋은 입지에 위치해 있고 삼성물산이 재건축을 하게 되어 단연 관심의 대상이 되는 '래미안원펜타스'와 '래미안원베일리'는 2021년 1월, 5월에 분양되었다. 9호선 반포역에 바로 접하고 있어 2개의 단지는 각각 2021년 상반기 강남권 분양 시장을 판단할 수 있는 바로미터로 작용할 것이라는 전망이 있었다.

'래미안원펜타스'는 서울시 서초구 반포동 12번지 인근에 위치한 신반포15차 아파트를 헐고 짓는 최고 35층 아파트로 6개동, 총 641세대 중 조합원 374세대를 제외한 267세대가 일반분양되는 재건축 프로젝트이다. 메르세데스-벤츠박물관과 싱가포르 래플스시티 등으로 유명한 네덜란드 유엔스튜디오(UNStudio)와 협업을 통해 단지 외관에 신경 쓸 전망이다. 길이 150m에 이르는 거대한 문주는 단지를 상징한다. 또한, 한강 조망이 가능한 스카이브릿지, 호텔식 커뮤니티와 드롭오프존, 입주민의 다양한 취향을 반영한 조경디자인 등 삼성물산에서 최고의 주거공간으로 구현한다.

'래미안원베일리'는 신반포3차, 신반포23차, 경남아파트를 헐고 짓는 최고 35층 아파트 22개동으로, 총 2,990세대 중 2,775세대의 조합원 분양을 제외하고 225세대를 일반분양하는 통합 재건축 프로젝트이다. 매머드급 대단지인 만큼 단지 내 커뮤니티에도 신경을 써서 게스트하우스, 수영장, 피트니스 센터, 사우나를 비롯해 한강을 바라보는 스카이라운지와 루프탑 캠핑장을 조성한다. 단지 내 조경은 세계 조경가 협회상을 7번이나 수상한 래미안의 조경노하우를 동원해서 리조트 레인보우를 콘셉트로 7가지 주제를 담은 구역별 특화된 조경으로 채택했다.

대출 제한에도 포기할 수 없는 한강조망

'래미안원펜타스'와 '래미안원베일리'가 가장 큰 관심의 대상이 된 이유는 단연 지하철 9호선 반포역이 단지와 바로 접하고 있고 올림픽대로, 지하철 3·7·9호선 고속터미널역이 800m 내외에 있어 도보 이용이 가능하며 사평대로, 신반포로 접근이 편리한 교통의 요지에 위치하고 있다는 것이다. 반포초, 반포중, 세화여중, 세화여고 등 명문학군이 포진하여 있으며 카톨릭대학교 서울성모병원, 신세계백화점, 센트럴시티 등의 편의시설이 인접하고 있어 생활에 편리하다. 또한, 반포천과 한강이 인접해 지하도로를 이용해 한강공원까지 바로 도보로 접근할 수 있어 산책과 조깅 등 여가생활과 자연환경을 누릴 수 있다. 두 단지 모두 분양가 상한제로 인하여 일반분양가는 평당 4,900~5,000만 원 정도로 예상되나 단지 내에서 한강을 조망하고 산책 및 운동 이용이 가능하며 교통, 교육시설, 생활 인프라 등을 고려해볼 때 대출 제한은 있더라도 현금을 가진 강남권 수요가 있으므로 성공적인 청약이 기대된다.

단지 개요

구분	래미안원펜타스	래미안원베일리
위치	서울 서초구 반포동 12	서울 서초구 반포동 1-1
건축규모	지하4층~지상35층 6개동	지하4층~지상35층 22개동
가구수	총 641세대 중 일반분양 267세대	총 2,990세대중 일반분양 225세대
가구 구성	전용면적 59m²~215m²	전용면적 46m²~200m²
건설사	삼성물산	삼성물산
분양	2021년 1월	2021년 5월

위치

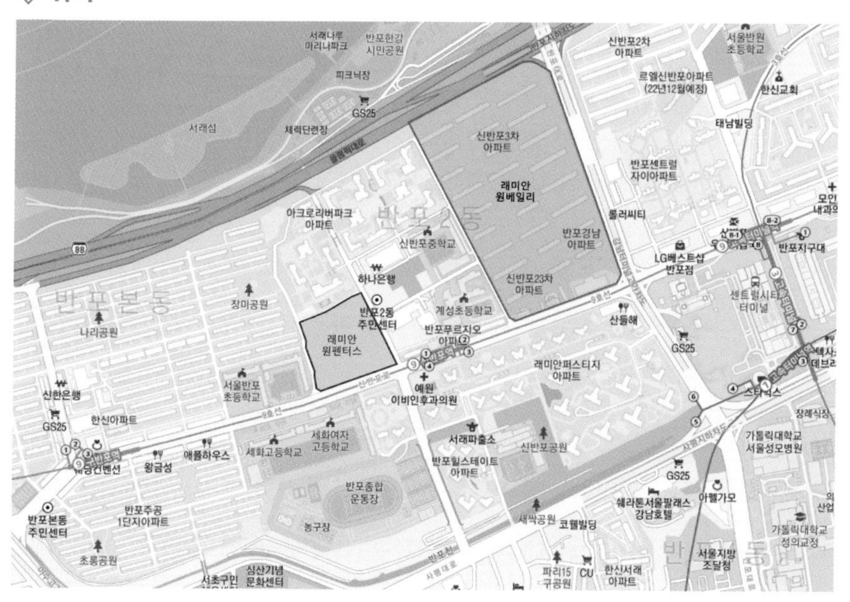

8호선 우남역 개통을 앞두고 도약을 예고한다 위례신도시 (A1-5, A1-12)

- 서울시 송파구 상일동
- 입주 : 2021년 8월(A1-5)/2021년 8월(A1-12)

'위례신도시'는 서울 송파구와 경기 성남시, 하남시 일원에 조성되는 2기 신도시로서 총 677만㎡ 부지면적에 4만 3,239세대가 거주한다. 이미 1단계 사업인 남위례 지역에 2만 6,000여 가구가 입주한 상태이며 2021년에 북위례 지역에서 분양 및 입주가 본격화된다.

기존 육군특수전사령부의 이전이 지연되면서 분양이 연기되었던 북위례 지역은 지하철 5호선 거여역과 마천역이 지나며 기존 시가지와도 가까운 데다가 '위례신도시'의 인프라가 개선되면서 입주 초기에 겪었던 주민들의 불편함이 대폭 개선되고 있어 전반적으로 남위례보다 생활여건이 우위에 있다는 평가가 많다.

통상 장지천 위쪽 구역을 말하는 북위례는 지구 내 대로를 경계로 서울 송파구와 경기 하남시로 구분되며 총 17개 단지에 약 1만 2,000여 세대가 들어선다. 이 중 장기전세와 국민임대, 행복주택, 군인주택 등을 제외한 11개 블록에서 약 7,700여 가구가 공급된다. 이 중 송파구에서는 2018년 하반기 A1-2블록(85㎡ 초과, 690세대), A1-4블록(85㎡ 초과, 709세대), A1-6블록(85㎡ 초과, 502세대) 등에서 중대형 세대 중심으로 분양이 되었으며, 하남시에서는 2018년 6월 A3-3b블록 우미건설(85㎡ 초과, 877세대)을 비롯해서 A3-1블록(85㎡ 초과, 558가구), A3-3a블록(85㎡ 초과, 1,078세대) 등도 이미 분양을 완료하였다.

최대 장점은 공공분양이라는 점

2020년 하반기에 분양된 지역은 A1-5블록과 A1-12블록이다. A1-5블록은 유치원, 초등학교, 중학교, 고등학교를 품고 있는 최고의 학군으로 부모가 선호하는 단지이다. A1-12블록은 대형 근린공원이 있는 숲세권으로 조망과 쾌적함이 우수하며 북위례 트램(2024년 12월)을 이용하면 분당, 판교로의 출퇴근이 용이하게 될 것이다.

A1-5블록과 A1-12블록의 두 단지는 북위례에서 입지가 가장 뛰어나며 거여역으로의 접근성이 좋고 신교통수단인 트램이 운행되어 마천역~복정역 간의 편리한 이용이 기대된다. 또한, 두 단지 모두 60~85㎡의 중소형 평형으로 구성되어 실수요자에게 희소성에 대한 프리미엄이 있을 것으로 예상된다. 현재 '위례신도시' 분양에서 수요자들이 가장 궁금해하는 부분은 바로 분양가이다. '위례신도시'는 공공분양이기 때문에 민간분양보다 시세 대비 훨씬 저렴한 금액으로 입주할 수 있어 로또 분양이라 할 만큼 당첨에 따른 시세차익이 어느 정도 예상되는 상황이다. 또한 신도시가 제공하는 다양한 인프라와 생활공간의 매력 덕분에 청약통장을 가진 수요자들이 주목할 수밖에 없다. 최근 민간이 분양한 북위례 우미린 2차는 전용 84㎡의 3.3㎡당 분양가가

1,896~2,053만 원이어서 A1-5블록과 A1-12블록의 경우 분양가 상한제 및 물가상승률을 고려했을 때 3.3m^2당 분양가는 약 2,050만 원대로 주변 시세의 50%로 분양되었다.

단지 개요

구분	위례신도시 A1-5(공공분양)	위례신도시 A1-12(공공분양)
위치	서울 송파구 거여동	서울 강동구 장지동
건축규모	지하2층~지상25층 18개동	지하2층~지상24층 5개동
가구수	총 1,282세대 중 일반분양 1,282세대	총 394세대
가구 구성	전용면적 $66m^2$~$84m^2$	전용면적 $64m^2$~$84m^2$
건설사	SH	SH
분양	2020년 12월	2020년 12월

위치 1

위치 2

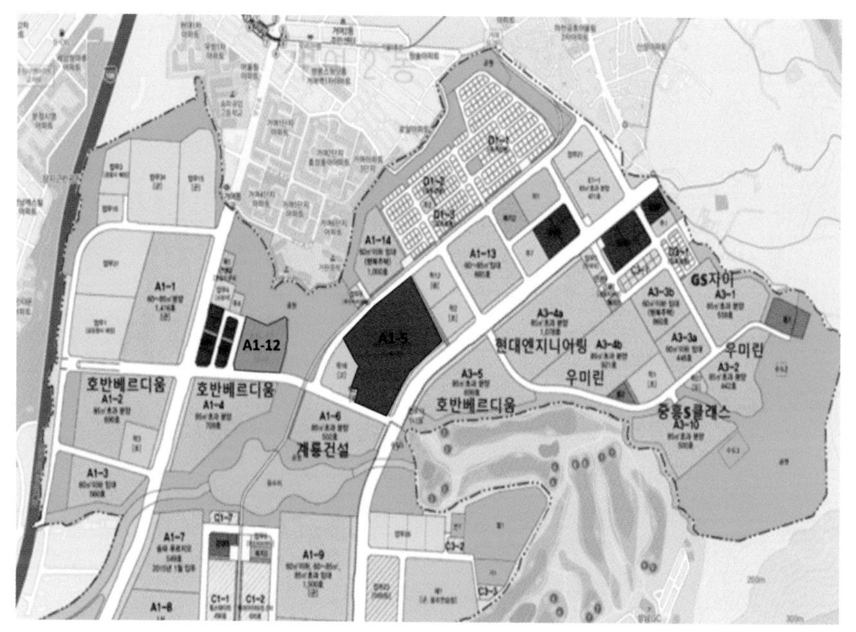

자료출처 : 한국토지주택공사

서울 강남 지역

고덕지구의 마지막 퍼즐, 상일동의 풍경을 바꿀 고덕자이

• 서울시 강동구 상일동
• 입주 : 2021년 2월

고덕주공6단지 재건축 단지인 '고덕자이'는 지하 3층부터 지상 29층, 19개동 총 1,824세대로 조성된다. 이 중 일반분양은 타입별로 △ 48㎡ 15세대, △ 52㎡ 22세대, △5 9㎡ 348세대, △ 74㎡ 68세대, △ 84㎡ 408세대, △ 101㎡ 2세대, △ 118㎡ 1세대 등 총 864세대이다. 2021년 2월 입주이다.

'고덕자이'의 강점은 뛰어난 입지와 우수한 교통환경에 있다. 강일, 상일IC가 단지에 인접하고 있어 올림픽도로와 외곽순환도로를 편리하게 이용할 수 있으며 서울~세종 고속도로(2024년)로 광역교통망은 더욱 좋아질 전망이다. 지하철 5호선 상일동역이 70m 거리에 위치하고 있으며, 9호선 연장선이 개통되면 향후 대중교통 이용은 더욱 편리해진다. 단지 인근에는 고일초를 비롯하여 한영중, 배재고, 한영외고가 밀집되어 있어 우수한 교육환경을 갖추고 있다.

생활편의시설로는 이마트, 현대백화점, 하남스타필드 등 대형 쇼핑시설과 강동경희대학교병원, 강동아트센터, 명일공원, 광나루공원, 고덕천 등도 근접해 있어 풍부한 생활 인프라와 쾌적한 자연환경을 누릴 수 있다.

억 단위의 시세차익을 노려볼 만하다

'고덕자이'는 서울 강동구 고덕지구 내 재건축사업의 마지막 입주지로, 고덕지구는 총 2만여 세대의 미니신도시로 탈바꿈하며 신흥부촌이라는 타이틀을 거머쥐게 될 것으로 보인다.

한편, '고덕자이'의 평균 분양가는 3.3m²당 2,445만 원이다. 2018년 6월 분양 당시 전용 84m² 기준 층의 경우 약 8억 6천만 원으로, 주변 분양권과 신축 아파트 시세가 11억 원 이상인 것을 생각하면 청약만 되면 약 2억 4천만 원 이상의 시세차익이 있어 수요자에게 로또 아파트로 불릴 만큼 큰 인기가 있었다. 청약 경쟁률에서도 예상했던 대로 좋은 결과를 기록했다. 총 495세대 모집에 1만 5,395명이 몰려 평균 31 대 1의 경쟁률로 전 주택형이 마감되었다. 최고 경쟁률은 전용면적 101Am² 타입으로 1세대 모집에 890명의 청약자가 몰려서 890 대 1의 경쟁률을 기록했다. 이어 전용면적 118m²는 561 대 1, 전용면적 101Bm²는 425 대 1, 84Am²는 72.5 대 1, 전용면적 84Cm²는 58.5 대 1, 전용면적 48m²는 39.8 대 1, 전용면적 59Am²는 32 대 1순으로 경쟁률이 높았고 사전 인기에 부합하는 청약결과가 나왔다.

기본 개요

- **지하철** 5호선 상일동역(700m), 9호선 둔촌오륜역(1.5km) 등
- **도로** 상일로(150m), 천호대로(670m), 서울외곽순환고속도로(800m) 등
- **학교** 고현초(450m), 강명초(350m), 강명중(500m), 한영중(1.2km), 강동고(900m) 등
- **편의시설** 명일공원(700m), 강동경희대병원(1.2km), 하남스타필드(4.5km) 등

단지 개요

- **단지명** 고덕자이(고덕주공 6단지 재건축)
- **위치** 강동구 상일동 124
- **규모** B3~29층 19개동 1,824세대(일반분양 864세대)
- **입주** 2021.02

공급면적		전용면적		세대수			분양가(만원)	
m^2	평	m^2	평	일반	특별	합계	최고가	평당
67.47	20.41	48.67	14.72	8	7	15	53,080	2,601
73.12	22.12	52.96	16.02	12	10	22	57,450	2,597
83.30	25.20	59.93A	18.13	112	81	193	68,340	2,712
84.28	25.49	59.82B	18.10	88	67	155	67,070	2,631
98.73	29.87	74.82A	22.63	19	14	33	79,010	2,645
99.02	29.95	74.30B	22.48	19	16	35	78,200	2,611
109.92	33.25	84.97A	25.70	15	12	27	83,590	2,514
110.43	33.41	84.44B	25.54	211	154	365	86,560	2,591
110.00	33.28	84.73C	25.63	8	8	16	80,020	2,405
127.09	38.44	101.04A	30.56	1		1	87,440	2,274
128.29	38.81	101.99B	30.85	1		1	87,290	2,249
146.48	44.31	118.44	35.83	1		1	88,930	2,007
합계				495	369	864	-	-

※ 임대 75세대 / 조합원 885세대 제외

위치

강일리버파크
11단지아파트
강일리버파크
8단지아파트
미사강변도시
18단지아파트
샘터근린공원
고덕리엔파크
1단지아파트
고덕중학교
고덕2동
주민센터
고덕아이파크
아파트
서울컨벤션
고등학교
고덕리엔파크
2단지아파트
서울5호선(예정선)
미사강변센
자이아파
고덕그라시움
아파트
고덕1동
주민센터
고덕상록주공
8단지아파트
상일동역
고덕평생
학습관
5호선
미사강변센트럴
풍경채아파트
서울고덕동
우체국
고덕역
고덕아르테온
아파트
강명중학교
바토
미사강변동원
로얄듀크아파트
신동아
아파트
이마트
서울고현
초등학교
강동경희
대학교병원
고덕자이아파트
(21년02월예정)
고덕리엔파크
3단지아파트
하남미사
우체국
고덕센트럴
아이파크아파트
명일우성
아파트
강동아트센터
명일공원
상일동
강동리엔파크14단지아파트
(21년02월예정)
한양아파트
강동
첨단업무단지
강동고등학교
고덕롯데캐슬
베네루체아파트
풍산동
행정복지센터
상일동산
상일
고덕주공
단지아파트
명일2동
한영외국어
고등학교
대림빌라
삼성그린빌라
상일동아
아파트
서울상일
초등학교

'제 2의 청량리'를 꿈꾸며 이미지 변신에 도전하는 천호 1,4구역
(강동중흥S클래스밀레니얼, 천호더샵센트럴시티)

- 서울시 강동구 천호동
- 입주 : 2024년 9월(천호1구역)/2023년(천호4구역)

지하철 5·8호선 천호역 일대는 2개의 단지가 공급된다. 우선 2020년 8월 중 먼저 선보여 관심이 높은 곳이 '천호1구역'이다. 5·8호선 천호역이 도보 5분 이내에 바로 인접하고 8호선 암사역도 도보 이용 가능한 더블 역세권 단지이다. '천호1구역'은 도시환경정비사업으로 아파트와 오피스텔이 결합된 건물로 시공은 중흥건설이 맡았으며 아파트 전체 999세대 중 약 662여 세대가 일반 분양된다. 주변에 천호2구역 주택재건축정비사업까지 진행되어 주변 환경이 개선되면서 충분한 가치 상승이 기대된다.

인근으로 강동초, 천일초, 천일중, 천일고 등 교육 여건이 우수하며 현대백화점, 이마트, 2001아울렛, 아산병원, 강동성심병원이 바로 인접하고 있어 편리한 생활 인프라를 누릴 수 있다. 천호시장, 천호공원, 광나루 한강공원, 올림픽공원이 멀지 않은 거리에 위치하고 있어 쾌적한 자연환경도 향유할 수 있다. 천호대교를 통하여 강북으로 진입이 유리하며 올림픽대로 등을 통하여 강남 비즈니스권역과 강동 첨단업무단지 접근에 최적의 위치를 가지고 있다. 또한 천호동 일대는 재건축과 도시환경정비사업 등으로 대단지 주거타운이 형성될 예정이다.

재건축과 도시환경정비사업의 시너지효과

'천호4구역'은 도시환경정비사업으로 강동구 천호동 410-100 일대에 들어서는 주상복합건물로 포스코건설에서 시공하며 38층 높이의 업무시설과 판매시설이 어우러진 건물로 주변에서 가장 높다. 4개동 670세대의 아파트가 전용면적 49㎡~84㎡로 구성되며 이 중에서 499세대가 일반분양으로 공급된다.

'천호1구역'과 초, 중, 고 학군이 동일하여 교육 여건이 우수하고 생활 인프라, 자연환경도 마찬가지로 훌륭하다. 또한 유동인구가 8만 명에 이르는 로데오거리 상권지역 중심부에 위치해 있어 상업시설 이용에 편리하다. 지하철 5·8호선 천호역 5번 출구에서 도보 5분 이내에 위치한 초역세권 단지이다. 천호역 인근은 유동인구가 많고 생활여건도 잘 갖추어져 있는 편이다. 다만 오래된 건물이 많아 낙후되어 있었는데, '천호1구역'과 함께 주변 재건축과 도시환경정비사업으로 입지가 천지개벽 수준으로 변모할 예정이다. 한편 '천호4구역'은 천호 성내재정비촉진 구내 첫 주상복합건물로 2019년 8월 관리처분을 받았고 분양은 2021년 7월이다.

단지 개요

구분	천호1구역(강동 중흥S클래스밀레니얼)	천호4구역(천호 더샵센트럴시티)
위치	서울 강동구 천호동 423-000 일대	서울 강동구 천호동 410-100 일대
건축규모	지하5층~지상40층 4개동	지하6층~지상38층 4개동
가구수	총 999세대 중 일반분양 662세대	총 670대 중 일반분양 499세대
가구 구성	전용면적 25m²~138m²	전용면적 49m²~84m²
건설사	중흥건설	포스코건설
분양	2020년 8월	2021년 7월

위치

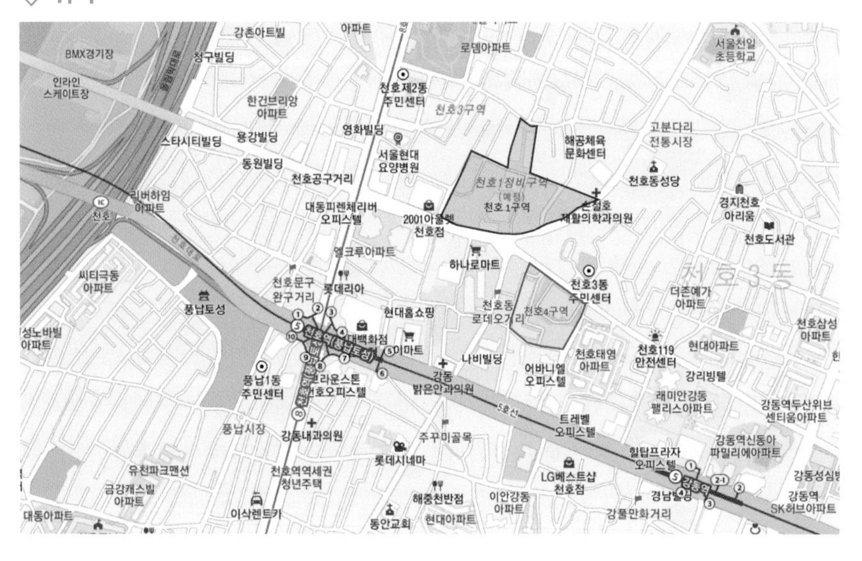

경기 지역

김포에서 서울에 가장 빨리 도달하는 김포의 교통 요충지 힐스테이트리버시티1차, 2차

- 경기 김포시 고촌읍
- 입주 : 2020년 8월

김포 향산지구 A1-1, A1-2블록에 들어서는 '힐스테이트리버시티1차, 2차'는 지하 2층부터 지상 21층, 51개동 총 3,510세대(1차-1,568세대, 2차-1,942세대) 규모의 매머드급 단지로 전용면적 △ 68㎡ 740세대, △ 76㎡ 724세대, △ 84㎡ 1,415세대, △ 102㎡ 441세대, △ 108㎡ 172세대로 구성된다. 선호도가 높은 중소형 평형의 비율이 약 83%로, 복층형 평면과 테라스하우스, 펜트하우스 등 주택형이 다양하다.

김포 향산지구 도시개발사업지와 인접한 한강시네폴리스는 김포의 대표 개발사업으로, 영화와 방송, 영상산업 중심의 문화콘텐츠 기업도시로 계획되었다. 부지면적만 112만㎡에 달한 만큼 대규모 사업이다. '힐스테이트리버시티1차, 2차'의 주변 생활편의시설로는 홈플러스(김포풍무점), 이마트트레이더스

(김포점) 등 대형 유통시설이 위치하고 있으며, 단지에 접해서 향산초(2020년 9월 개교), 금판초, 사우초, 사우고가 인접하고 있어 자녀들의 도보 통학을 원하는 수요자들이라면 관심을 가질 만하다. 단지 서측으로 위치한 근린공원을 통해 쾌적성과 한강 조망권을 확보했다는 장점도 있다.

이름하여 공항세권

풍무역이 개통되어 경의중앙선이 인접하고 한강 건너편 마두역도 차량으로 5분이면 도착 가능하여 이용에 편리하다. 특히 풍무역에서 2개역 떨어진 김포공항역에서는 3개 노선 환승이 가능하다. 김포공항까지는 10분대, 여의도까지는 30분대 이용 가능하며 단지 인근에 김포대로, 김포한강로, 장곡IC, 자유로IC가 위치해 있어 서울 등 인근 지역으로의 접근성도 좋다. '힐스테이트리버시티1차, 2차'는 대규모단지 임에도 불구하고 1순위 청약결과 일반분양 1순위 청약에서 3개 유형(전용 102Bm^2, 102Cm^2, 113Tm^2)만 미달되었고, 2순위 청약에서 모두 마감 되었다. 1순위, 2순위 결과 3,292세대 모집에 1만 3,128명의 청약자가 몰리면서 평균 4.62 대 1의 경쟁률을 기록했다. 3,000세대 이상의 대단지에 김포도시철도와 한강시네폴리스의 영향이 복합적으로 작용하면서 내 집 마련을 생각하는 실수요자들로 청약이 마감되었다.

기본 개요

- **지하철** 김포도시철도 풍무역(1.5km), 3호선 마두역(4.5km) 등
- **도로** 태장로(500m), 김포한강로(600m), 장곡IC(1.4km), 자유로IC(4.5km) 등
- **학교** 향산초(300m), 금란초(1.5km), 향산중(300m), 고촌고(1.8km) 등
- **편의시설** 근린공원(350m), 이마트김포점(1.5km), 김포시청(2.7km) 등

단지 개요 - 힐스테이트리버시티1차

- **단지명** 힐스테이트리버시티1차(김포향산지구 A1-1블록)
- **위치** 경기도 김포시 고촌읍 83-1
- **규모** B2~21층 24개동 1,568세대(일반분양 1,568세대)
- **입주** 2020.8

공급면적		전용면적		세대수			분양가(만원)	
m²	평	m²	평	일반	특별	합계	최고가	평당
1,338	26.60	68.97A	20.86	156	78	234	35,940	1,351
1,321	26.95	68.99B	20.87	134	66	200	35,880	1,331
1,338	29.81	76.98A	23.29	70	36	106	39,330	1,319
1,306	30.01	76.99B	23.29	69	33	102	39,000	1,300
1,287	29.80	76.97C	23.28	120	59	179	39,320	1,319
1,234	32.82	84.91A	25.69	406	204	610	41,850	1,275
1,262	32.82	84.91E	25.69	3		3	40,230	1,226
1,213	32.82	84.91F	25.69	4		4	40,230	1,226
1,243	32.93	84.91B	25.69	57	26	83	41,560	1,262
1,193	33.01	84.91C	25.69	49	26	75	41,860	1,268
1,243	33.01	84.91H	25.69	1		1	39,960	1,211
1,281	32.73	84.99T	25.71	3		3	41,850	1,279
1,192	33.21	86.44T	26.15	6		6	39,970	1,204
1,089	34.86	88.34D	26.72	2		2	38,340	1,100
1,156	36.37	94.78T	28.67	37	5	42	42,480	1,168
1,050	38.78	98.31D	29.74	5		5	41,100	1,060
1,237	40.01	102.98A	31.15	140	23	163	49,500	1,237
1,189	39.59	102.98E	31.15	1		1	49,470	1,250
1,237	39.59	102.98F	31.15	1		1	47,550	1,201
1,171	40.09	102.98B	31.15	40	6	46	50,080	1,249
1,124	39.27	102.99C	31.15	30	4	34	49,800	1,268
1,473	41.93	108.62A	32.86	15	3	18	51,830	1,236
1,005	48.19	121.62D	36.79	1		1	48,930	1,015
합계				989	579	1,568	-	-

단지 개요 - 힐스테이트리버시티2차

- **단지명** 힐스테이트리버시티2차(김포향산지구 A1-2블록)
- **위치** 경기도 김포시 고촌읍 27-4
- **규모** B2~21층 27개동 1,942세대(일반분양 1,942세대)
- **입주** 2020.8

공급면적		전용면적		세대수			분양가(만원)	
m²	평	m²	평	일반	특별	합계	최고가	평당
87.93	26.60	68.97A	20.86	156	78	234	35,940	1,351
89.10	26.95	68.99B	20.87	134	66	200	35,880	1,331
98.54	29.81	76.98A	23.29	70	36	106	39,330	1,319
99.20	30.01	76.99B	23.29	69	33	102	39,000	1,300
98.51	29.80	76.97C	23.28	120	59	179	39,320	1,319
108.51	32.82	84.91A	25.69	406	204	610	41,850	1,275
108.51	32.82	84.91E	25.69	3		3	40,230	1,226
108.51	32.82	84.91F	25.69	4		4	40,230	1,226
108.87	32.93	84.91B	25.69	57	26	83	41,560	1,262
109.11	33.01	84.91C	25.69	49	26	75	41,860	1,268
109.11	33.01	84.91H	25.69	1		1	39,960	1,211
108.20	32.73	84.99T	25.71	3		3	41,850	1,279
109.77	33.21	86.44T	26.15	6		6	39,970	1,204
115.25	34.86	88.34D	26.72	2		2	38,340	1,100
120.22	36.37	94.78T	28.67	37	5	42	42,480	1,168
128.19	38.78	98.31D	29.74	5		5	41,100	1,060
132.28	40.01	102.98A	31.15	140	23	163	49,500	1,237
130.88	39.59	102.98E	31.15	1		1	49,470	1,250
130.88	39.59	102.98F	31.15	1		1	47,550	1,201
132.53	40.09	102.98B	31.15	40	6	46	50,080	1,249
129.83	39.27	102.99C	31.15	30	4	34	49,800	1,268
138.60	41.93	108.62A	32.86	15	3	18	51,830	1,236
145.46	44.00	113.87T	34.45	3		3	49,930	1,135
151.2	45.74	114.93	34.77	17	3	20	67,730	1,481
159.3	48.19	121.62D	36.79	1		1	48,930	1,015
합계				1,370	572	1,942	-	-

위치

일산서구
송포동
행정복지센터
킨텍스
행정복지센터
자유로휴게소
저동초등학교
보넷길
숲속마을2단지
두산위브아파트
법곳
이마트
트레이더스
원마운트
국립암센터
77
이산포
일산호수공원
모담산
김포한강신도시
킨텍스
한류월드
백석1동
행정복지센터
장항
장항1동
행정복지센터
코스트코
98
걸포
나진
357
일산
한강시네폴리스
신평
피싱파크
진산각
백골산
홈플러스
힐스테이트리버시티1단지아파트
78
능곡
월드아파트
자유로
김포시청
황화산
풍곡리
황토동산
홈플러스
고촌읍

그린벨트 해제되고 그린라이트가 떴다! 고양향동A3(공공분양)

- 경기 고양시 향동동
- 입주 : 2020년 10월

'고양향동A3(공공분양)'는 친환경 특급도시로 떠오르고 있는 향동지구 내 입지하고 있으며 그동안 매번 나온다는 이야기만 무성하다가 마침내 2017년 10월 입주자 모집공고를 했다. 향동지구 북쪽으로는 은평뉴타운이 있으며 주변에 고양시 지축지구, 삼송지구, 원흥지구가 3기 신도시 창릉지구와 고양향동지구를 둘러싸고 있다. 입지대비 분양가가 저렴하며, 무주택 세대구성원은 주택소유여부, 자산, 소득, 중복청약 등을 검증기준으로 삼았다. '고양향동A3(공공분양)'는 두산건설이 시공하며, 지하 3층부터 지상 23층, 9개동 1,059세대의 아파트로 전용면적 59㎡만 존재하는 아파트 단지이다. △ 59A㎡ 528세대, △ 59B㎡ 103세대, △ 59C㎡ 80세대, △ 59D㎡ 128세대, △ 59E㎡ 83세대, △ 59F㎡ 96세대, △ 59G㎡ 41세대로 전 세대 모두 중소형 타입으로 구성된다.

'고양향동A3(공공분양)'는 응암역, 화전역, 강변북로, 외곽내부순환로, 올림픽대로가 근접해 있어 일산 신시가지 및 상암, 은평, 홍대, 마곡까지 반경 7km 내로 바로 통하는 서울 핵심생활권이다. 그린벨트 해제지역으로 향동천이 중앙을 가르는 친환경 도시로 인근 지역의 생활편의시설은 물론 상암과 은평의 생활 인프라를 공유하여 누릴 수 있다. 또한 아파트 3면이 망월산과 봉산, 은행산으로 둘러싸인 숲세권 대단지라 할 수 있다.

가격 경쟁력으로는 이미 압승

'고양향동A3(공공분양)'는 아파트 기준 3.3㎡당 평균 분양가가 1,269만 원대로 주변 아파트와 대비하여 공공분양이 가지는 상대적으로 낮은 가격으로 인한 가격 경쟁력을 최대의 장점으로 평가받았다. 실수요자의 청약으로 인하여 청약결과도 예상했던 바와 같이 잘 마무리되었다. 1순위 청약(특별공급 포함)에서 총 520세대 모집에 1,974명이 접수해 평균 3.79 대 1의 경쟁률을 나타냈다. 전용 59㎡에서 84㎡까지 총 9개의 주택형 중에서 소형 중심의 5개 주택형에서 1순위 마감에 성공했다. 59A㎡가 206세대 모집에 946명이 몰려 최고 경쟁률인 4.59 대 1을 기록했고, 59B㎡가 2.28 대 1(64세대 모집, 146명 지원), 59C㎡가 1.92 대 1(49세대 모집, 94명 지원), 59D㎡가 3.14 대 1(71세대 모집, 223명 지원), 59E㎡가 1.9 대 1(50세대 모집, 95명 지원), 59F㎡가 2.72 대 1(54세대 모집, 147명 지원), 59G㎡가 2.04 대 1(26세대 모집, 53명 지원)의 경쟁률을 기록했다.

기본 개요

- **지하철** 6호선 구산역(1.8km), 경의중앙선 화전역(2.6km), 3호선 구파발역(3.5km) 등
- **도로** 덕양로(150m), 연서로(1.6km), 수색로(2.5km), 내부순환로(4.1km), 자유로(4.2Km) 등
- **학교** 용두초(1.3km), 은평고(750m), 선정고(1.4km), 예일여고(1.5km), 한국한공대(3.2km) 등
- **편의시설** 서울서북병원(800m), 이마트은평(2.2km), 이케아고양(3.8km), 하늘공원(4.6km) 등

단지 개요

- **단지명** 고양향동지구A3(공공분양)
- **위치** 경기 고양시 덕양구 향동동 56-12
- **규모** B3~23층 9개동 1,059세대(일반분양 1,059세대)
- **입주** 2020.10

공급면적		전용면적		세대수			분양가(만원)	
㎡	평	㎡	평	일반	특별	합계	최고가	평당
84.82	25.66	59.94A	18.13	125	403	528	32,500	1,267
84.82	25.66	59.94B	18.13	36	67	103	32,500	1,267
84.50	25.56	59.95C	18.13	28	52	80	32,500	1,271
84.82	25.66	59.94D	18.13	45	83	128	32,500	1,267
84.82	25.66	59.94E	18.13	30	53	83	32,500	1,267
84.53	25.57	59.97F	18.14	32	64	96	32,500	1,271
84.46	25.55	59.92G	18.13	15	26	41	32,500	1,272
합계				311	748	1,059	-	-

위치

은평구
대성고등학교
갈현제1동
주민센터
불광중학교
용두초등학교
고양창릉
신도시
선정고등학교
갈현제2동
주민센터
연신내역
서울연천
초등학교
라이프미성
아파트
필승신병
교육대
갈현현대
아파트
봉산
대조동
주민센터
구산동
주민센터
예일여자
고등학교
서울대은
초등학교
불광역
고양향동LH A3아파트
(20년10월예정)
망월산
은평고등학교
DMC해링턴
플레이스아파트
부호아파트
현대아파트
화전동
서울서북병원
아그네스풍림
아이원아파트
은평구청
고양향동
공공주택지구
씨티아파트
화전역
화전동
행정복지센터
서울기독
대학교
이마트
현대2차
아파트
DMC호반베르디움더포레
4단지아파트
은행산
백련산해모로
아파트
금송힐스빌
DMC리슈빌더
포레스트아파트
숭실고등학교
하나로마트
서울특별시
은평병원

7호선의 시작과 끝은 양주옥정지구가 책임진다

양주옥정지구

(A1블록, A2블록)

- 경기도 양주시 옥정동
- 입주 : 2024년 2월(A1블록)/2023년 6월(A2블록)

'양주옥정지구'는 경기도 양주시 옥정동, 율정동, 고암동 일원의 11,171,000㎡ 규모의 대규모 신도시로 163,854여 명이 거주할 주택단지로 64,194세대가 공급되면서 학교, 공공시설, 공원 등이 들어선다. 2007년부터 시작해 2022년에 사업이 완료된다. 서울 북부권역 최대 2기 신도시 중 하나로 주변에 산과 하천이 있어 쾌적한 주거환경을 갖추고 있다. 지구 중심에 호수공원이 있고 대형 마트와 의료시설을 갖추고 있다. 연립주택 부지(3개 블록)와 단독주택 부지(118가구) 등도 공급되어 고급 주거지로 손색이 없다는 평가이다. 최근 수도권 광역급행노선과 7호선 연장(도봉산~옥정)과 같은 교통망 확충사업이 확정되면서 잇따른 개발호재로 인하여 실수요자는 물론 투자자들의 청약이 상당할 것이라는 기대가 있다.

옥정지구는 도봉산~옥정까지의 지하철 7호선 연장 및 옥정지구 내 정거장 신설 등이 확정되고 GTX-C노선(덕정역)이 예비타당성을 면제받아 실현 가능성을 높이고 있다. GTX-C노선을 통하면 삼성역까지 20분대로 접근이 가능해진다. 또한 회암~노원역까지 이어지는 BRT가 개통되면 세종~포천고속도로, 국도 3호선 대체 우회도로를 통해 서울지역으로 이동이 편리해져서 서울 출퇴근 실수요자들이 많은 관심을 가지고 있다. 지구 내에 신설 초등학교와 신설 중학교가 있으며 천보초, 옥빛초, 옥정초, 옥정중, 옥정1고 등이 입지하고 있어 훌륭한 교육환경을 갖춘 곳으로 평가되고 있다.

실소유자뿐만 아니라 투자자까지 눈독

옥정지구 내 A2블록은 2020년 8월경 분양이 진행되어 전용 74~84㎡ 타입으로 29층 24개 동의 1,086세대를 대방건설이 시공한다. A1블록은 2020년 10월경 분양을 진행해 전용 74~82㎡ 타입으로 29층 24개 동의 2,049세대를 신동아건설, 우미건설에서 시공한다. A1, A2블록은 비규제지역인 만큼 청약 통장 가입기간 1년이면 1순위로 청약이 가능하며 대출규제도 상대적으로 덜해서 실수요자뿐만 아니라 투자수요도 많을 것으로 예상되었다. 2020년 5월에 분양한 '양주회천 대바노블랜드(A16블록)'는 1, 2순위 청약 결과 3,160명이 청약을 넣어 평균 4.3 대 1의 경쟁률을 기록했을 정도로 수요층의 집중적인 관심을 받았다.

단지 개요

구분	양주옥정지구 A1(공공분양)	양주옥정지구 A2(대방 노블랜드 3차)
위치	경기도 양주시 옥정동 일원	경기도 양주시 옥정동 일원
건축규모	지상29층 24개동	지상25층 13개동
가구수	총 2,049세대 중 공공분양 2,049세대	총 1,086세대
가구 구성	전용면적 74m²~82m²	전용면적 60m²~85m²
건설사	신동아건설, 우미건설	대방건설
분양	2021년 4월	2020년 8월

위치

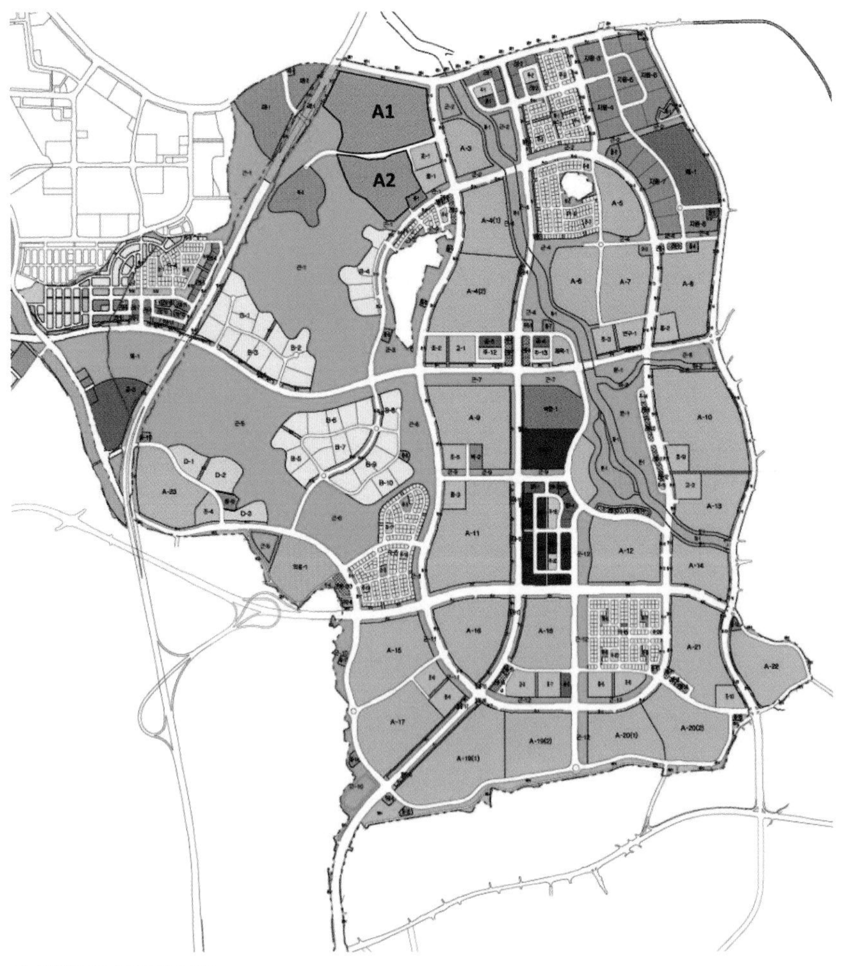

자료출처 : 한국토지주택공사

한국의 북유럽! 스칸디나비아 디자인을 채택한 이국적인 아파트 두산알프하임

- 경기 남양주시 호평동
- 입주 : 2021년 1월

'두산알프하임'은 경기 남양주시 호평동 산 37-19번지 서울 리조트부지 개발 사업으로 지어지는 지하 4층~지상 28층 49개동으로 전용면적이 59~114㎡인 총 2,894세대의 매머드급 단지이다. 이 중 아파트는 전용면적 △ 59㎡ 488세대, △ 66㎡ 116세대, △ 72㎡ 653세대, △ 79㎡ 349세대, △ 84㎡ 935세대, △ 108㎡ 301세대, △ 114㎡ 28세대, △ 128㎡ 24세대로 구성된다. 특히 디자인 설계에 북유럽패턴 디자이너인 비에른 루네 리가 참여하여 북유럽 스타일 감성이 묻어나는 주거타운으로서 알프하임을 연상하게 하는 패턴과 편안하고 안락한 휘게라이프를 지향하여 주거공간의 품격을 높인다. 또한 주변에 백봉산이 둘러싸고 있어 디자인 콘셉트와 조화를 이루며 북유럽에 온 듯한 따뜻한 감성을 느끼게 한다. '두산알프하임'은 평내호평역에 인접하여 있고 평내호평역

GTX-B노선, 별내선 8호선 연장 등의 개발호재를 누릴 수 있는 장점이 있다. 또한 생활편의시설로 메가박스 남양주점과 이마트 남양주점이 근접하고 있다.

좋은 교통여건에도 아쉬움이 남는 청약결과

교통여건도 매우 좋다. 수서호평고속도로를 이용할 경우 잠실까지 20분 정도면 도착 가능하고 경의중앙선 평내호평역을 이용하여도 도심으로의 접근이 편리하다. 단지 내에 초등학교가 신설되고 구룡초가 인접해 있으나 판곡중, 평내고는 다소 멀리 떨어져 있어 통학거리상 초등학교 학부모까지 입주가 능동적이라는 제한이 있다.

지난 2017년 8월 청약을 접수한 '두산알프하임'은 대규모 세대인 만큼 인기 있는 평형은 1순위에 마감되었으며 미분양된 것은 2순위, 3순위에서 마감되었다. 분양 당시 청약이 완료된 것은 59A㎡, 66A㎡, 79A㎡, 84A㎡, 108T㎡, 108C㎡, 108㎡D 108E㎡, 128㎡T로, 9개 평형이 미분양되었다. 미분양 사유로는 평내호평역 및 상업지역과 너무 멀고, 단지가 중학교, 고등학교와 멀리 떨어져 있으며, 중도금 유이자와 단지 전체가 오르막이었다는 점 등이 언급될 수 있다.

기본 개요

- **지하철** 경춘선 평내호평역(900m) 등
- **도로** 수석호평도시고속도로(200m), 경춘로로(350m), 동호평IC(400m) 등
- **학교** 하랑초(2021년 3월 개교), 구룡초(850m), 판곡중(1.7km), 평내고(2.0km) 등
- **편의시설** 메가박스남양주(1km), 이마트남양주(1.1km), 백봉산(1.3km) 등

단지 개요

- **단지명** 두산알프하임(서울 리조트부지 개발사업)
- **위치** 경기 남양주시 호평동 산37-19
- **규모** B4~28층 49개동 2,894세대(일반분양 2,894세대)
- **입주** 2021.01

공급면적		전용면적		세대수			분양가(만원)	
m^2	평	m^2	평	일반	특별	합계	최고가	평당
80.24	24.27	59.98A	18.14	292	142	434	28,500	1,174
81.04	24.51	59.95B	18.13	38	16	54	27,900	1,138
88.26	26.70	66.40A	20.09	77	39	116	29,440	1,103
98.10	29.68	72.99A	22.08	338	168	506	33,810	1,139
98.04	29.66	72.96B	22.07	147	72	219	33,460	1,128
106.49	32.21	79.71A	24.11	152	76	228	34,840	1,082
106.44	32.20	79.68B	24.10	49	23	72	34,160	1,061
112.47	34.02	84.95A	25.70	389	191	580	35,590	1,046
113.16	34.23	84.83B	25.66	332	165	497	35,590	1,040
148.23	44.84	108.95T	32.96	55	8	63	60,359	1,346
178.77	54.08	128.94T	39.00	16	2	18	66,428	1,228
147.05	44.48	108.90C	32.94	15	2	17	58,152	1,307
147.27	44.55	108.97D	32.96	7		7	58,216	1,307
146.05	44.18	108.96E	32.96	13	1	14	57,760	1,307
147.29	44.56	108.95F	32.96	9	1	10	58,227	1,307
148.08	44.79	108.93G	32.95	23	3	26	48,699	1,087
148.32	44.87	108.95H	32.96	5		5	46,588	1,038
154.88	46.85	114.99I	34.78	16	2	18	50,938	1,087
154.73	46.81	114.98J	34.78	9	1	10	48,604	1,038
합계				1,982	912	2,894	-	-

위치

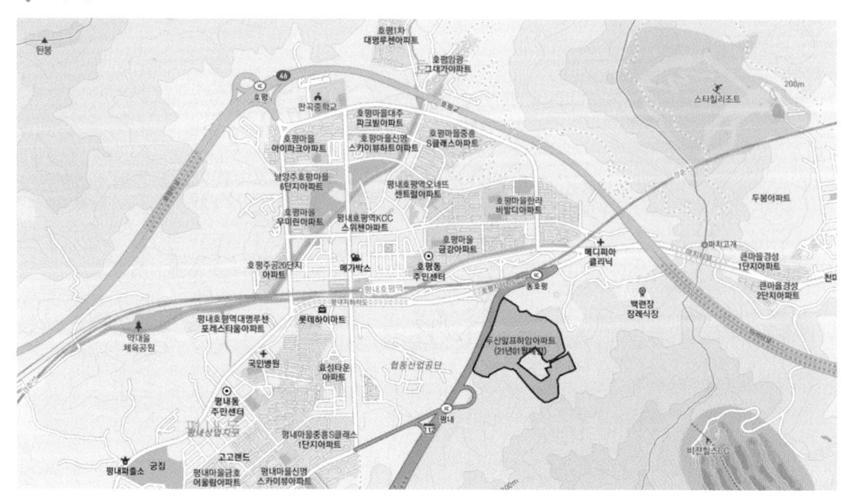

된봉
호평
판곡중학교
호평1차
대명루첸아파트
호평임광
그대가아파트
스타힐리조트
200m
호평마을대주
파크빌아파트
호평마을
아이파크아파트
호평마을신명
스카이뷰하트아파트
호평마을중흥
S클래스아파트
남양주호평마을
6단지아파트
평내호평역오네뜨
센트럴아파트
호평마을한라
비발디아파트
두봉아파트
호평마을
우미린아파트
평내호평역KCC
스위첸아파트
호평마을
금강아파트
메디피아
클리닉
마치고개
큰마을경성
1단지아파트
큰마을경성
2단지아파트
호평주공20단지
아파트
메가박스
호평동
주민센터
동호평
평내호평역
백련장
장례식장
평내호평역대명루첸
포레스티움아파트
롯데하이마트
약대울
체육공원
두산알프하임아파트
국민병원
효성타운
아파트
평내동
주민센터
평내
112
평내상업지구
평내마을중흥S클래스
1단지아파트
비전힐스CC
고고랜드
평내파출소
궁집
평내마을금호
어울림아파트
평내마을신명
스카이뷰아파트

경기 지역

'로또 분양'으로 세간의 관심을 모은 화제의 아파트 힐스테이트북위례

• 경기도 하남시 학암동
• 입주 : 2021년 5월

경기도 하남시 학암동 93번지에 들어서는 '힐스테이트북위례'는 지하 2층부터 지상 25층, 14개 동으로 총 1,078세대 규모의 단지이다. 이 중 아파트 1,078세대를 일반분양하는데 주택형은 전용면적 기준 △ 90㎡ 167세대, △ 98㎡ 192세대, △ 102㎡ 719세대로 이뤄졌다. 분양 당시 위례신도시에서 3년 만에 분양하는 아파트로, 그동안 분양이 전무했던 만큼 분양에 관심이 높았다.

'힐스테이트북위례'는 지하철 5호선 마천역을 이용할 수 있으며, 분당~수서간 도시고속화도로를 이용하면 삼성역까지 30분 이내, 송파대로를 통해서는 잠실역까지 25분 이내로 이동 가능하므로 강남으로 쉽게 접근할 수 있는 도로망을 가지고 있다. 또한 현대시티몰 가든파이브점, CGV송파점, 스타필드위례점이 인접하고 있어 편리한 생활 인프라를 갖추고 있다. 단지인근으로 도보

통학권 내에 위례숲초(2021년 3월 개교), 거원중, 문현고 등의 교육시설이 위치하고 있어 교육여건을 중시하는 트렌드에 적합한 단지라는 평가를 받고 있다. 조성되는 과천지식정보타운의 배후 주거단지로서 그 성장성도 기대되는 상황이다.

300 대 1의 최고 경쟁률을 기록한 아파트

'힐스테이트북위례'는 2019년 4월 1순위 청약 결과 939세대 공급에 총 7만 2,570명이 신청해 평균 경쟁률 77.3 대 1을 기록했다. 최고 경쟁률은 공급 세대수가 146세대로 가장 적었던 전용면적 92㎡에서 나왔다. 92㎡의 기타 경기지역 청약 건수는 7,921건으로 경쟁률이 302.7 대 1에 달했다. 627세대를 공급하는 102㎡은 해당 지역 경쟁률이 18.28 대 1, 기타 경기지역 경쟁률은 167.2 대 1, 기타지역 경쟁률은 124.75 대 1을 기록했다. 166세대를 공급한 98㎡는 해당지역 경쟁률이 15.54 대 1, 기타 경기지역 경쟁률은 180.61 대 1, 기타지역은 176.1 대 1을 기록했다.

위례신도시 아파트의 경우 3.3㎡당 평균 시세가 2,500~3,500만 원까지 형성된 상황에서 3.3㎡당 평균 분양가를 1,833만 원으로 결정해 청약 접수 전부터 '로또 분양'이란 평가를 받았다. 주변 시세 대비 60~70% 수준의 분양가와 현대엔지니어링의 브랜드와 위례신도시의 성장 가능성을 바탕으로 실수요자 및 투자자들의 높은 관심이 청약으로 이어졌다.

기본 개요

- **지하철** 5호선 마천역(950m), 8호선 장지역(2.8km) 등
- **도로** 오금로(800m), 양산로(1.1km), 서울외곽순환고속도로(1.6km), 송파IC(2.6km) 등
- **학교** 위례숲초(350m), 거원중(700m), 문현고(2.5Km) 등
- **편의시설** 스타필드시티위례점(1.0Km), CGV스타필드시티위례점(1.0km) 등

단지 개요

- **단지명** 힐스테이트북위례(위례신도시 A3-4a블록)
- **위치** 경기도 화성시 병점동 675
- **규모** B2~25층 14개동 1,078세대(일반분양 1,078세대)
- **입주** 2021.05

공급면적		전용면적		세대수			분양가(만원)	
m²	평	m²	평	일반	특별	합계	최고가	평당
116.23	35.16	92.43	27.96	146	21	167	64,900	1,846
126.26	38.19	98.71	29.86	166	26	192	70,510	1,846
130.14	39.37	102.55	31.02	627	92	719	72,670	1,846
합계				1,575	1,091	2,666	-	-

위치

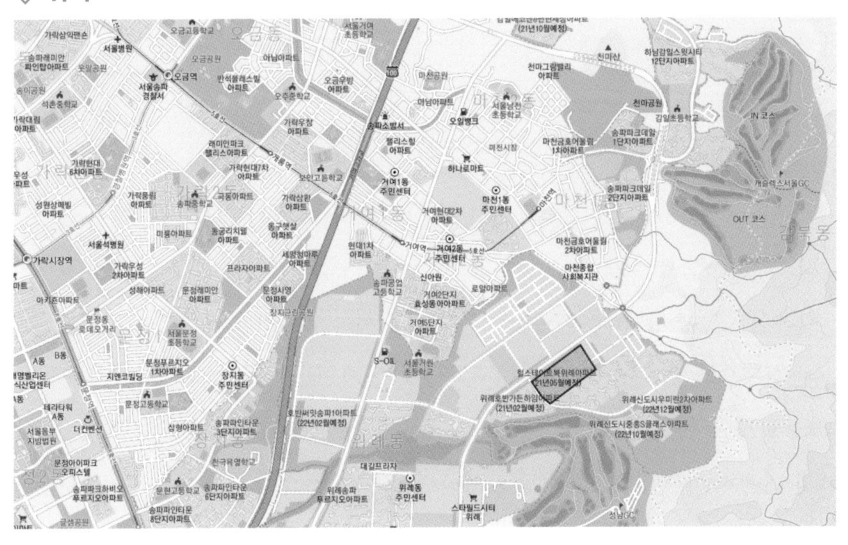

경기 지역

배산임수형 입지의 명당에 위치한 판교더샵퍼스트파크

- 경기도 성남시 분당구 백현동
- 입주 : 2021년 6월

경기도 성남시 분당구 백현동 516번지 한국식품연구원 부지에 들어서는 '판교더샵퍼스트파크'는 지하 3층부터 지상 25층, 15개동으로 총 1,223세대 규모의 단지이다. 이 중 아파트 1,100세대를 일반분양하는데 주택형은 전용면적 기준 △ 84㎡ 561세대, △ 114㎡ 362세대, △ 129㎡ 177세대로 이뤄졌다. 분양 당시 판교에서 4년 만에 분양하는 새 아파트이고 사실상 판교에서 마지막 분양되는 아파트로 일찍부터 분양에 관심이 높았다.

'판교더샵퍼스트파크'는 신분당선 판교역, 분당선 수내역 이용이 가능하다. 특히 신분당선 판교역에서 강남역까지는 4정거장으로 20분 내외로 도착할 수 있다. GTX판교역(2021년)의 개통으로 강남과 수도권으로의 접근성이 더욱 좋아질 예정이다. 판교IC, 서판교IC를 이용하면 강남 등 수도권 전 지역 이동이 편리하다. 단지 앞으로는 남서울CC골프장이 있어 명품조망을 누릴 수 있으며 남쪽으로는 탄천 지류인 쇳골천이 흐르고 북쪽으로는 안산이 있어 배산임수의 주거지이다. 단지에 인접해서 판교초, 신백형중, 성남외고, 낙생고, 서현고, 보평고가 위치하고 있어 교육입지 또한 학부모들에게 인기 있다. 생활인프라 측면에서 롯데마트, 현대백화점, 종합병원 등이 근접하고 있어 트렌드에 적합한 단지라는 평가를 받고 있다.

'판교더샵퍼스트파크'의 청약결과

'판교더샵퍼스트파크'는 청약 전 사전 홍보관에 오픈 3일간 5만여 명의 인파가 몰렸다. 그 인기를 반영하듯 지난 2017년 7월 청약에서 1순위 청약 접수 결과, 845세대(특별공급 제외) 모집에 총 1만 1,437명이 청약해 평균 13.4 대 1의 경쟁률을 기록했다. 전용 84Am^2는 130세대 모집에 5,462명이 접수해 42 대 1로 가장 높은 경쟁률을 보였다. 그 외 11A4m^2는 16.1 대 1(129세대 모집, 2,078명 지원), 129Am^2는 15.4 대 1(38세대 모집, 584명 지원)의 경쟁률을 기록했다.

기본 개요

- **지하철** 분당선 수내역(1.8km), 신분당선 판교역(2.0km) 등
- **도로** 안양판교로(200m), 경부고속도로(750m), 용인서울고속도로(2.3km), 판교IC(1.7km) 등
- **학교** 판교초(500m), 신백형중(1.4km), 성남외고(550m), 낙생고(650m) 등
- **편의시설** 안산(250m), 판교공원(1.3km), 판교도서관(1.0km), 현대백화점판교점(1.8km) 등

단지 개요

- **단지명** 판교더샵퍼스트파크(한국식품연구원 부지개발)
- **위치** 경기도 성남시 분당구 백현동 516
- **규모** B3~25층 15개동 1,223세대(일반분양 1,100세대)
- **입주** 2021.06

공급면적		전용면적		세대수			분양가(만원)	
m^2	평	m^2	평	일반	특별	합계	최고가	평당
115.86	35.05	84.97A	25.70	130	66	196	86,580	2,470
116.25	35.17	84.80B	25.65	83	40	123	83,580	2,377
115.62	34.98	84.95C	25.70	163	79	242	84,500	2,416
147.12	44.50	114.86A	34.75	129	18	147	109,700	2,465
149.06	45.09	114.56B	34.65	118	18	136	103,700	2,300
148.81	45.02	114.40C	34.61	69	10	79	104,860	2,329
164.78	49.85	129.97A	39.32	38	8	46	122,670	2,461
166.04	50.23	129.97B	39.32	40	5	45	118,670	2,363
165.39	50.03	129.83C	39.27	75	11	86	117,830	2,355
합계				845	255	1,100	-	-

위치

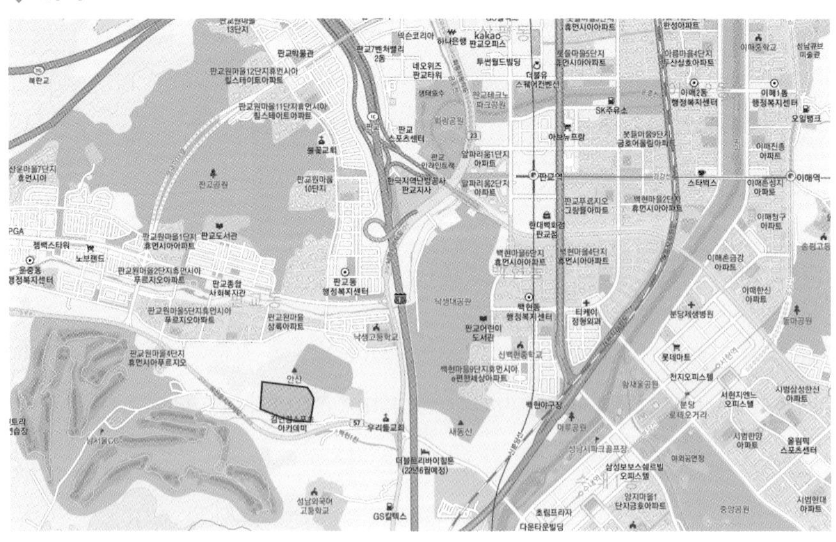

경기 지역

강남과 경기의 생활권을 누릴 수 있는 성남의 랜드마크 산성역포레스티아

- 경기 성남시 수정구 신흥동
- 입주 : 2020년 7월

'산성역포레스티아'는 지하 3층부터 지상 28층, 39개동 총 4,089세대로 조성되는 단지로 이 중 1,705세대가 일반분양되었다. 신흥주공아파트를 재건축하는 단지로 HDC산업개발, 포스코건설, 롯데건설, 현대건설이 컨소시엄 합작하여 시공하였는데, 이는 블록별로 구획을 나누어서 공사를 진행하는 방식이다. 이 중 일반 분양 물량은 1,705세대로, 전용면적 기준 △ 59m^2 142세대, △ 67m^2 51세대, △ 74m^2 1,229세대, △ 84m^2 270세대, △ 98m^2 13세대로서 전용면적 84m^2 이하 중소형이 99% 이상을 차지한다. 분양가는 3.3m^2당 평균 1,790만 원 정도로, 전용 59m^2의 총 분양가는 4.7억 원 내외, 67m^2는 5억 원 내외, 74m^2는 5.4억 원 내외, 98m^2는 6.6억 원 내외로 책정됐다.

'산성역포레스티아'의 최대 장점은 영장산을 배후로 한 남한산성자락의 지역으로 자연환경이 우수한 점이다. 수정구청, 산성동 주민센터 등 관공서도 가깝게 이용할 수 있다. 교육환경으로는 도보로 가능한 신흥초, 성남북초, 성남여중, 창성중 등이 인접하고 있으며 성남 수정구 학원가도 근접해 있다. 성남시 수정도서관, 경기도립 성남도서관 등도 근접해 이용에 편리하다.

지하철 2, 3, 8호선에 둘러싸인 아파트

교통시설도 주변에 풍부하다. 지하철 8호선 산성역 3번 출구가 맞닿아 있으며 송파구 복정역까지 1정거장, SRT 및 지하철 3호선 수서역까지 약 11분, 2호선 잠실역까지 약 10분 내로 도달할 수 있다. 서울외곽순환도로, 분당~수서간 고속화도로, 용인~서울 고속도로, 성남대로 등을 이용해 강남 및 수도권 접근성도 좋으며 반경 2km 내에 위례신도시까지 있어 이동이 용이하다. 강남권과 근접하고 있어 송파 롯데월드, 가락시장, 가든파이브, 강남삼성서울병원의 생활편의시설도 이용 가능하다.

6.19 부동산 대책에 이어 8.2 부동산 대책이 발표되면서 서울 강남권 부동산 거래가 주춤하는 듯 하지만 급매물이 소진되면서 거래가 늘어나는 추세의 국면에서 '산성역포레스티아'는 실수요자와 투자자의 관심을 끌고 있다. 정부의 부동산 대책에도 불구하고 숲세권에 실수요와 투자수요로 인해 청약은 모든 평형에서 1순위로 마감되었다. 지난 2017년 8월 1,228세대 모집에 총 10,912명이 몰려 평균 8.89 대 1의 경쟁률로 1순위 마감되었고 주택형별 최고 경쟁률은 전용 84A㎡로 134세대 모집에 2,459명이 몰리면서 18.35 대 1을 기록했다. 59A㎡는 12.58 대 1(101세대 모집, 1,271명 지원), 67A㎡는 5.12 대 1(41세대 모집, 210명 지원), 74A㎡는 3.68 대 1(291세대 모집, 1,071명 지원), 74B㎡는 8.31 대 1(596세대 모집, 4,950명 지원), 84B㎡는 11.6 대 1(53세대 모집, 615명 지원), 98A㎡는 28 대 1(12세대 모집, 336명 지원)의 경쟁률로 마감되었다.

기본 개요

- **지하철** 7호선 신풍역(450m), 1호선 영등포역(1.2km) 등
- **도로** 증가로(10m), 거북골로(10m), 여의대방로(850m), 여의대로(2km) 등
- **학교** 대방초(670m), 대영초(500m), 우신초(600m), 신길중(400m), 성남고(1.2km) 등
- **편의시설** 보라매공원(1.3km), 한림대학교 강남성심병원(1.2km), 용마산(1.6km), IFC몰(2.6km) 등

단지 개요

- **단지명** 산성역포레스티아(신흥주공 재건축)
- **위치** 경기 성남시 수정구 대흥동 10
- **규모** B3~28층 39개동 4,089세대(일반분양 1,705세대)
- **입주** 2020.7

공급면적		전용면적		세대수			분양가(만원)	
m^2	평	m^2	평	일반	특별	합계	최고가	평당
77.18	23.35	59.84A	18.10	96	46	142	47,460	2,033
86.99	26.31	67.86A	20.53	34	17	51	50,960	1,937
96.59	29.22	74.96A	22.68	257	125	382	54,340	1,860
95.98	29.03	74.98B	22.68	567	280	847	54,940	1,892
108.51	32.82	84.92A	25.69	131	65	196	58,310	1,776
108.98	32.97	84.96B	25.70	48	26	74	58,741	1,782
125.25	37.89	98.68A	29.85	11	2	13	66,680	1,760
합계				1,144	561	1,705	-	-

※ 조합 2,384세대 제외

위치

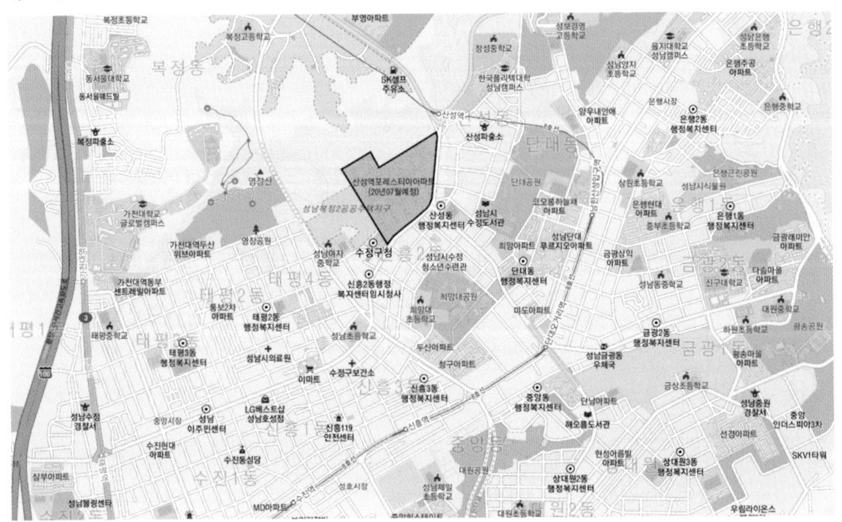

산성역포레스티아아파트
(20년07월예정)
산성역
산성파출소
산성동
행정복지센터
성남시
수정도서관
수정구청
신흥2동행정
복지센터임시청사
성남여자
중학교
SK셀프
주유소
성남시수정
청소년수련관
희망대공원
희망대
초등학교
성남초등학교
두산아파트

경기 지역

강남 옆, 관악산 앞, 양재천 뒤 최상의 입지를 자랑하는
과천센트럴파크푸르지오써밋

- 경기 과천시 부림동
- 입주 : 2020년 12월

'과천센트럴파크푸르지오써밋'은 과천주공 7-1단지 재건축으로 지하 3층부터 지상 32층, 15개동 아파트 1,317세대로 구성된 대단지이다. 전용면적 기준 △ 59㎡ 172세대, △ 84㎡ 227세대, △ 101㎡ 5세대, △ 114㎡ 1세대로 402세대를 분양하며 특별공급 173세대까지 포함하면 575세대를 일반 분양한다.

단지 앞에 바로 4호선 과천역 3번 출구가 위치해 있으며 과천봉담도시고속화도로, 과천대로를 통하면 강남을 비롯한 수도권으로의 접근이 수월한 편이다. 관문초와 과천중, 과천고, 과천외고가 인접하고 있어 우수한 교육환경을 갖추고 있으며 과천중앙공원, 관문체육공원, 문화체육공원이 인접하고 있어 거주하기에 좋은 자연환경을 갖추고 있다. 또한 관악산과 청계산, 양재천 등이 인접해 있어 도시에서의 지친 삶을 푸른 자연과의 교감으로 힐링할 수 있는 입지를 가지고 있다. 국립현대미술관, 국립과천과학관, 서울랜드 등도 가깝고 이마트 과천점, 하나로마트, 양재 코스트코, 한림대 성심병원 등이 근접하고 있어 생활 인프라 또한 풍부하게 갖추고 있다.

다소 높게 책정된 분양가

'과천센트럴파크푸르지오써밋'은 2018년 1월에 과천지역 내 최고 분양가로 분양하였으며, 당시 3.3㎡당 평균 2,955만 원으로 주변 시세보다 낮지만 84㎡의 분양가는 10억 원대 후반으로 결코 낮지 않다는 의견들이 있었다. 또한 9억 원을 초과하는 주택형의 경우 중도금 대출도 지원되지 않아 수요자들이 심리적으로 부담을 느끼기도 했던 것으로 파악된다. 청약 당시 434세대(특별공급 제외) 1순위 접수에서 660명이 신청하는 데 그치며 평균 청약률은 1.52 대 1을 기록하였다. 9개 주택형 가운데 2개 주택형은 미달되었다. 분양가 및 대출에 대한 부담도 있고 호반건설이 대우건설을 인수한다는 소식이 전해지며 청약률에 영향을 미친 것으로 판단된다. 주력 주택형인 전용면적 84T㎡와 84A㎡에서 미달이 났다. 전용면적 84T㎡형은 0.52 대 1(31세대 모집, 16명 지원), 84A㎡는 0.86 대 1(162세대 모집, 139명 지원)의 경쟁률을 각각 기록했다. 59A㎡는 1.91 대 1(123세대 모집, 235명 지원), 59T㎡는 1.33 대 1(58세대 모집, 77명 지원), 84B㎡는 1.09 대 1(11세대 모집, 12명 지원), 84C㎡는 1.05 대 1(43세대 모집, 45명 지원), 101T㎡는 11.5 대 1(2세대 모집, 23명 지원), 114A㎡는 33 대 1(1세대 모집, 33명 지원)의 경쟁률을 기록했다. 미분양 세대에 대해서는 1순위 기타지역 청약으로 완료하였다.

청약하기 전에는 로또 분양이라는 말이 많았는데 정작 청약률이 낮고 미분양이 생긴 것은 10억 원대 후반의 분양가와 9억 원 초과 아파트의 중도금 대출보증 대상 제외라는 대출규제로 과천 1순위 대상자들의 고민이 많았기 때문으로 생각된다. 그러나 1순위 기타지역 청약으로 한 번에 끝난 것을 보면 현금을 가지고 있는 수요자에게는 강남 접근성 등 과천이라는 입지적 장점이 또 다른 기회로 다가온 것임을 가늠하게 한다.

기본 개요

- **지하철** 4호선 과천역(150m) 등
- **도로** 별양로(100m), 중앙로(400m), 과천봉담간고속화도로(200m) 등
- **학교** 관문초(250m), 청계초(300m), 과천중(950m), 과천고(300m) 등
- **편의시설** 과천중앙공원(400m), 과천시청(1.1km), 과천현대미술관(1.7km) 등

단지 개요

- **단지명** 과천센트럴푸르지오써밋(과천주공 7-1단지 재건축)
- **위치** 경기 과천시 부림동 49
- **규모** B3~32층 15개동 1,317세대(일반분양 575세대)
- **입주** 2020.12

공급면적		전용면적		세대수			분양가(만원)	
m^2	평	m^2	평	일반	특별	합계	최고가	평당
85.80	25.95	59.92A	18.13	116	53	169	84,500	3,256
85.94	26.00	59.87T	18.11	56	26	82	82,600	3,177
114.40	34.61	84.99A	25.71	150	68	218	108,300	3,130
114.23	34.55	84.98B	25.71	11	2	13	108,200	3,131
115.73	35.01	84.94C	25.69	36	15	51	109,600	3,131
115.56	34.96	84.99T	25.71	27	9	36	106,700	3,052
131.05	39.64	101.93A	30.83	3		3	114,200	2,881
131.61	39.81	101.93T	30.83	2		2	105,300	2,645
145.33	43.96	114.93	34.77	1		1	123,900	2,818
합계				402	173	575	-	-

※ 조합 739세대 / 보류지 3세대 제외

위치

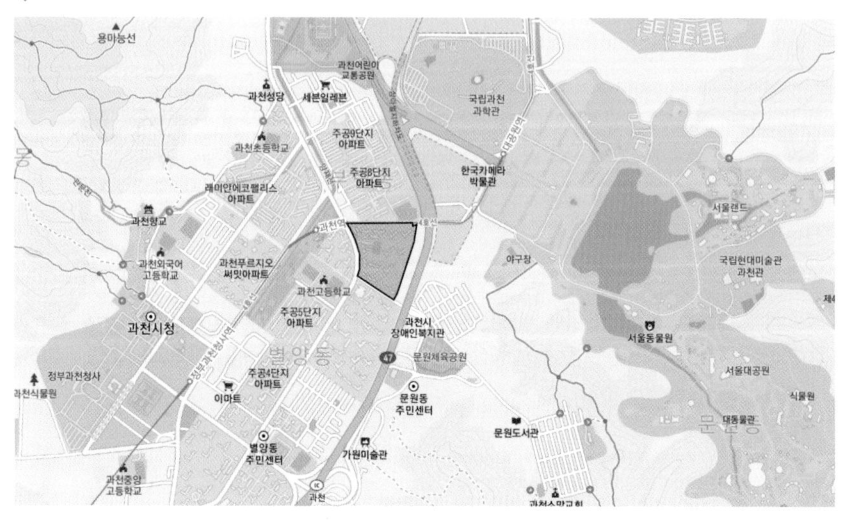

용마능선
과천어린이
교통공원
과천성당
세븐일레븐
과천초등학교
주공9단지
아파트
주공8단지
아파트
래미안에코팰리스
아파트
과천향교
과천역
4호선
과천외국어
고등학교
과천푸르지오
써밋아파트
과천고등학교
주공5단지
아파트
과천시청
별양동
정부과천청사
과천식물원
정부과천청사역
주공4단지
아파트
이마트
별양동
주민센터
과천중앙
고등학교
과천
국립과천
과학관
대공원역
한국카메라
박물관
야구장
서울랜드
국립현대미술관
과천관
과천시
장애인복지관
문원체육공원
문원동
주민센터
가원미술관
서울동물원
서울대공원
식물원
문원도서관
대동물관
문원동

경기 지역

100여 개의 첨단산업과 손을 잡고 4차 산업의 중심지로 거듭날 과천지식정보타운

- 경기 과천시 갈현동, 문원동
- 입주 : 2024년 2월(S3)/2023년 6월(S7)/미정(S8)

'과천지식정보타운'은 기존의 개발제한구역을 해제하여 공급되는 대규모 공공택지개발지구로, 과천시 갈현동과 문원동 일대 총 부지면적 135만 3,090m² 에 아파트 8,000여 세대 및 지식기반사업단지 등이 조성되는 직주근접의 주거단지로 성장할 예정이다. 서울 사당역까지 약 6.5km 거리이고 과천~봉담 간 고속화도로, 국도 47호, 경인고속도로를 이용하여 광역지역으로 접근성이 뛰어나며 지하철 4호선 신설역사 갈현역(가칭, 2024년)과 GTX-C과천역(가칭, 2025년)이 개통되면 교통 접근성 향상으로 인해 그 가치는 더욱 극대화될 전망이다.

'과천지식정보타운'이 일찍부터 관심을 받아온 이유는 명확하다. 우선 분양가 상한제를 적용받아 당첨만 되어도 수억 원의 차익이 보장되는 로또 아파트이기 때문이다. 최근 분양한 S6블록이 3.3㎡당 분양가가 2,371만 원으로 확정된 것을 감안하여 현장에서는 분양가 수준이 인근 과천 아파트 시세보다 20~30% 정도 저렴한 3.3㎡당 2,400만~2,600만 원선에서 책정될 것으로 기대되었다. 분양권 전매제한으로 입주 때까지 매매가 금지되지만 인근 과천 재건축단지 시세에 비해 가격 경쟁력이 있다.

신혼부부의 꿈과 희망이 모인다

다만, '과천지식정보타운'은 면적 66만㎡ 이상인 대규모 택지지구여서 지역우선공급제가 적용되며, 이에 따라 전체 물량의 30%는 과천 1년 이상 거주자에게 우선 공급되고 이외 경기도 6개월 이상 거주자 20%, 나머지 50%는 서울 등 수도권 거주자들에게 공급된다는 점을 고려해야 한다. 결과적으로 과천 거주자는 총 3번의 기회를 얻을 수 있는 셈이어서 일찍부터 과천으로 주소지를 옮기는 사례가 빈번했다. 이로 인해 위장전입 등의 문제가 신문기사 곳곳을 장식하는 해프닝도 벌어진 바 있다. 그만큼 '과천지식정보타운'에 대한 기대감이 높다는 것을 우회적으로 보여주는 에피소드라고 할 수 있다.

'과천지식정보타운'에서 2020년 12월에 분양된 민영주택은 S3블록과 S7블록이고 2021년 5월에 분양되는 S8블록이 있다. 이 중 2020년 10월경 신동아건설, 우미건설 컨소시엄이 S8블록에서 아파트(전용 75㎡, 307세대와 전용 85㎡, 307세대) 공급에 나서고 12월경 S3블록(전용55㎡, 365세대), S7블록(전용 46㎡, 55세대와 55㎡, 225세대) 등에서 연이어 아파트가 공급된다. S3블록과 S7블록은 신혼희망타운으로 가장 치열한 경쟁이 예상되었다.

지식타운 내 학군으로는 유치원 1개와 초등학교 2개, 중학교 1개로 구성되며 S3블록의 경우 바로 앞에 공원이 위치하고 S7블록은 단독주택구역과 가까워 주거환경이 쾌적하고 S8블록은 민간분양이었다가 공공분양, 신혼희망타운으로 바뀐 곳으로 지하철 4호선 갈현역(예정)과 상업지역이 가까워 편리한 생활 인프라 혜택을 누릴 수 있다. 단지 바로 우측에 초등학교가 입지하고 있어 젊은 부부들이 선호할 만한 지역으로 판단된다.

단지 개요

블록	유형	전용면적	세대수	분양	건설사
S3	신혼 희망타운(공공분양)	55m²	365/365	2020.12	LH
S7	신혼 희망타운(공공분양)	46m², 55m²	280/280	2020.12	LH
S8	신혼 희망타운(공공분양)	60~85m²	608/608	2021.05	신동아건설, 우미건설

위치

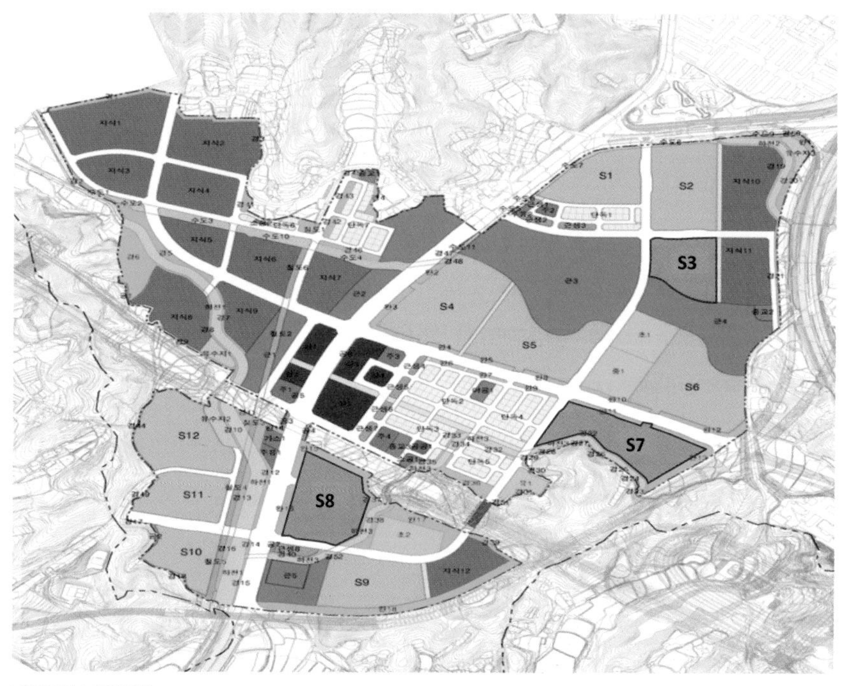

자료출처 : 과천시청

부동산 시장을 후끈 달아오르게 만든 광명시의 대표 아파트 **광명에코자이위브**

- 경기 광명시 광명동
- 입주 : 2020년 11월

'광명에코자이위브'는 광명뉴타운 16R구역 재개발지역으로 지하 3층부터 지상 29층, 19개동으로 총 2,104세대 규모의 단지이며 910세대가 일반분양이다. 전용면적별로는 △ 32㎡ 89세대, △ 40㎡ 100세대, △ 49㎡ 264세대, △ 59㎡ 299세대, △ 72㎡ 127세대, △ 84㎡ 31세대 등으로 구성된다.

'광명에코자이위브'는 주동을 남향 위주(남동 및 남서향)로 배치했고, 동간 거리를 최대한 확보했다. 단지 주변에 도덕산공원, 목감천, 안양천이 인접하고 있어 자연환경이 뛰어나며 광명남초, 광남중, 명문고 등 다수의 초, 중, 고가 위치하고 있다. 이 밖에 광명CGV, 킴스클럽, 철산로데오거리, 2001아울렛이 인접하여 편리한 생활을 할 수 있다.

다소 부족했던 소형 평형의 인기

가산디지털단지와 강남을 빠르게 연결하는 지하철 7호선 광명사거리역이 700m 거리에 인접하고 제2경인고속도로 광명IC, 서부간선도로, KTX 광명역 등 주요 광역교통망 이용이 가능해 기대감이 큰 지역이다. 단지 주변에 신규 공급물량이 뜸했던 지역으로 입지도 좋아 청약에 있어 인기가 예상되었다.

그러나 예상과는 달리 '광명에코자이위브'는 지난 2017년 12월 1순위 청약에서 소형 평형인 전용 32㎡, 40㎡, 49A㎡, 49B㎡, 49C㎡, 59B㎡, 59C㎡ 주택이 1순위에서 미달되어 기타지역 1순위로 기회가 넘어갔으며, 중소형 이하 주택에서 1순위 마감에 성공한 곳은 59A㎡ 132세대뿐이다. 72~84㎡ 주택들은 모두 1순위 마감에 성공했으며 가장 높은 경쟁률을 기록한 타입은 84A㎡로 11세대 모집에 121명이 지원해 11 대 1의 경쟁률을 보였다. 이어 84C㎡는 8.2 대 1, 72C㎡는 4.25 대 1의 순이었다.

기본 개요

- **지하철** 7호선 광명사거리역(700m) 등
- **도로** 광명로(300m), 오리로(650m), 서부간선도로(2km), 오류IC(2.7km) 등
- **학교** 광명남초(300m), 광명중(700m), 경기항공고(150m) 등
- **편의시설** 도덕산공원(400m), 광명CGV(1.3Km), 광명성애병원(1.5km), 광명시청(2.1km) 등

단지 개요

- **단지명** 광명에코자이위브(광명뉴타운 16R구역 재개발)
- **위치** 경기 광명시 광명동 304-20
- **규모** B3~29층 19개동 2,104세대(일반분양 910세대)
- **입주** 2020.11

공급면적		전용면적		세대수			분양가(만원)	
m^2	평	m^2	평	일반	특별	합계	최고가	평당
48.44	14.65	32.58	9.86	59	30	89	24,000	1,638
59.19	17.90	40.16	12.15	67	33	100	29,500	1,648
69.15	20.92	49.96A	15.11	155	76	231	38,000	1,817
69.15	20.92	49.28B	14.91	12	2	14	37,100	1,774
69.15	20.92	49.96C	15.11	12	7	19	38,000	1,817
79.05	23.91	59.99A	18.15	110	53	163	43,900	1,836
79.80	24.14	59.98B	18.14	55	26	81	43,500	1,802
79.05	23.91	59.99C	18.15	35	20	55	43,900	1,836
92.16	27.88	72.24A	21.85	78	36	114	48,500	1,740
92.56	28.00	72.02B	21.79	4	3	7	48,100	1,718
92.16	27.88	72.24C	21.85	3	3	6	48,500	1,740
105.51	31.92	84.99A	25.71	11	3	14	54,500	1,708
106.16	32.11	84.97B	25.70	7	3	10	54,100	1,685
105.51	31.92	84.99C	25.71	4	3	7	54,500	1,708
합계				612	298	910	-	-

※ 임대 135세대 / 조합 1,039세대 / 보류지 20세대 제외

위치

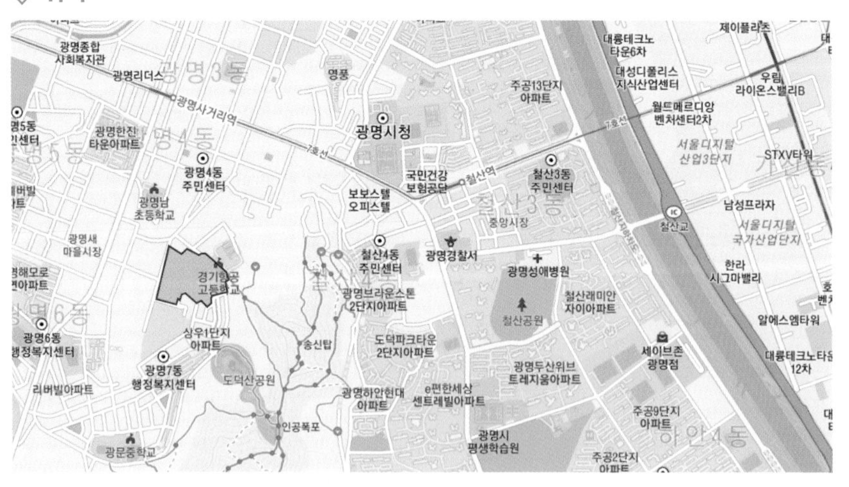

경기 지역

'평촌학원가'의 명성을 잇는 안양의 완벽한 주거단지

안양시재건축

(덕현지구[E편한세상하늘채평촌센텀퍼스트], 삼신6차[영무예다음])

- 경기도 안양시 동안구 호계동
- 입주 : 2023년(덕현지구)/미정(삼신6차)

경기도 안양은 최근 재개발, 재건축, 주거환경개선사업, 리모델링이 많이 진행되고 있다. 안양은 동안구와 만안구로 나뉘는데 만안구는 구도심으로 재건축, 재개발 이슈가 있어 상대적으로 가격이 많이 올라 2020년 2월 20일에 조정대상지역에 추가되었다. 동안구는 평촌신도시가 있으며 재건축, 제개발, 리모델링 이슈가 있다. 덕현지구 재개발과 삼신6차 재건축 모두 동안구에 위치하고 있으며 6.17 부동산 대책으로 경기도 대부분 지역이 투기과열지구로 지정되어 7월부터는 주택담보대출 규제가 적용된다.

덕현지구 재개발은 호계동 992-1 일원 116,666㎡ 부지에 지하 3층부터 지상 38층의 총 2,886세대를 짓는 대규모 단지 아파트로, 2020년 7월 25일 관리처분총회를 진행하고 8월 25일 착공하고, 10월에 분양 예정이었으나 주택

도시보증공사(HUG)의 주변 시세보다 낮은 분양가 산정으로 인하여 분양 시기가 차일피일 미루어 후분양을 택했다.동안구는 평촌신도시 남쪽에 있어 동일 생활권에 속하고 초등학교, 중학교가 평촌 학원가에 인접하고 있어 우수한 교육환경을 누릴 수 있다. 교통은 서울외곽순환도로와 경수산업도로가 인접하고 있어 교통의 요지라고 할 수 있다. 안양국제유통단지, 안양IT단지 등의 배후 주거단지로 자리잡고 있으며, 모락산과 자유공원이 인접하고 있어 쾌적하고 친환경적인 주거단지로 기대되고 있다. 또한 주변에 약 7,900여 세대 규모의 재개발, 재건축 사업이 진행되어 주거환경이 개선될 전망이다. 시공사는 대림산업과 코오롱글로벌의 컨소시엄 브랜드인 'e편한세상하늘채평촌센텀퍼스트'로 진행된다.

영무토건의 실력을 발휘한다

삼신6차 재건축은 동안구 호계3동 651-1번지 일원에 13,035㎡ 부지에 지하 2층부터 지상 32층의 총 456세대를 건립한다. 2017년 3월에는 사업시행변경인가, 2017년 12월에는 관리처분변경인가가 되어 이주가 진행되었고 2020년 하반기에 분양한다. 안양천과 인접해 있어 조망권을 갖추고 있고 지하철 1·4호선 환승역인 금정역이 도보 이용 가능하며 서울 외곽순환도로로 산본IC, 평촌IC가 가까워서 서울로의 접근성과 수도권 전 지역으로의 이동이 편리할 뿐 아니라 제2경인고속도로, 서해안고속도로, 영동고속도로, 1번 국도의 진출입이 편리하다. 인근에는 홈플러스, 롯데백화점, 뉴코아아울렛, 롯데마트와 한림대학 성심병원 등이 위치해 있어 편리한 생활 인프라를 갖추고 있고 호원초, 호성초, 호계중, 평촌시립도서관과 평촌 학원가가 인접하고 있어 우수한 교육환경을 갖추고 있다. 시공사는 전라도에 본사를 두고 있는 영무토건이며 '영무예다음'이라는 브랜드로 진행한다.

안양은 현재 1, 4호선이 지나고 있고 앞으로 GTX-C노선(금정역, 2028년), 인덕원선(인덕원~동탄, 2026년), 월곶~판교선(2025년) 세 개가 개통되어 교통 여건이 더욱 개선될 전망이다.

1기 신도시인 평촌신도시는 30여 년을 이미 넘어 노후화되면서 새 아파트가 지속적으로 건설되는 분당신도시와 일산신도시와는 다르게 노후주택의 교체수요가 많아 신규주택에 대한 대기수요가 끊이지 않고 있다. 따라서 2018년 12월에 분양한 '안양호계두산위브'는 1순위 청약접수 결과 최고 22 대 1의 경쟁률을 기록하며 전 주택형에서 마감을 기록했다. 안양시 동안구가 청약조정 대상지역으로 선정되어 청약이 저조할 것이라고 생각되었지만 예상과 다르게 1순위 청약조건과 전매제한 규정이 까다로워졌음에도 불구하고 1순위에 마감되었다. 덕현지구 재개발과 삼신6차 재건축은 앞으로 안양에 대한 발전 가능성과 신규아파트 수요로 인하여 정부의 부동산 규제 정책에도 불구하고 분양 시 좋은 결과가 예상되어 수요층이 많은 관심을 가지고 있다.

단지 개요

구분	덕현지구재개발 (e편한세상하늘채 평촌 센텀퍼스트)	삼신6차 재건축 (영무예다음)
위치	경기도 안양시 동안구 호계동 992-1 일원	경기도 안양시 동안구 호계3동 651-1 일원
건축규모	지하3층~지상 38층 23동	지하2층~지상32개층 6개동
가구수	총 2,0886세대중 일반분양 1,229세대	총 456세대 중 일반분양 178세대
가구 구성	전용면적 55m²	전용면적 46m², 55m²
건설사	대림산업, 코오롱건설	영무토건
분양	2021년 하반기	2021년 상반기

위치

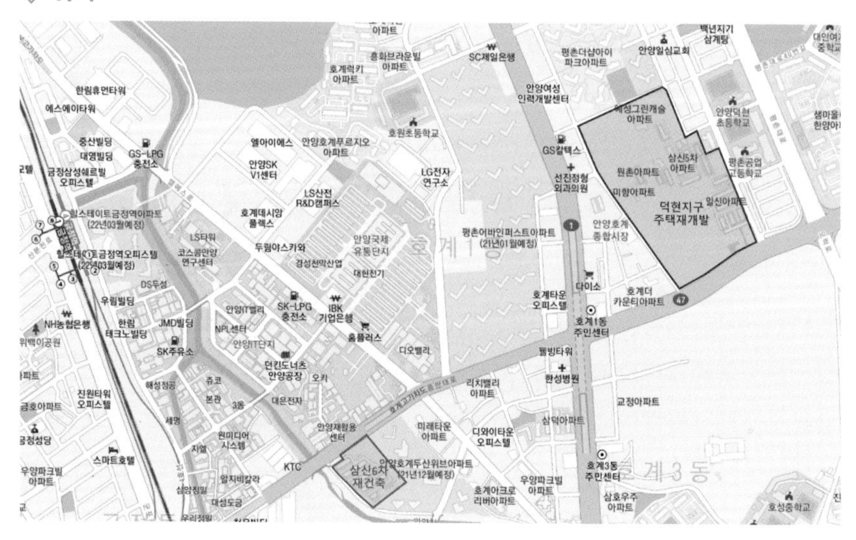

경기 지역

도시철도 개통 호재로 상승세를 타고 있는 **병점역아이파크캐슬**

- 경기 화성시 병점동
- 입주 : 2021년 3월

'병점역아이파크캐슬'은 지하 2층~지상 26층 27개동 2,666세대 규모로 화성시 병점에 위치하는 현대산업개발, 롯데캐슬의 컨소시엄 브랜드 단지이다. 전용면적 기준으로 △ 59㎡ 218세대, △ 75A㎡ 246세대, △ 75B㎡ 200세대, △ 84A㎡ 1,310세대, △ 8B4㎡ 218세대, △ 84C㎡ 329세대, △ 105㎡ 142세대, △ 134P㎡ 3세대로 구성되어 중소형이 전체의 90% 이상을 차지하고 있다.

'병점역아이파크캐슬'의 단지 서측에는 황구지천이, 남측으로는 심미천이 흐르고, 남쪽으로는 독성산이 있고 북서쪽으로는 성황산이 있어 주거환경이 쾌적하다. 단지 인근에는 세계문화유산인 융건릉과 화산생태공원, 화산체육공원과 같은 자연공간이 조성되어 있다. 또한 병점초, 병점중, 병점고가 있고 남측 인접구역에 초등학교가 개교하며, 복합교육문화시설인 유앤아이센터가 위치해 있어 교육시설이 잘 갖춰진 장점이 있다. 홈플러스 병점점이 인접해 있으며 단지 동측 바로 옆에는 약 37만 6,000㎡ 부지에 공동주택, 상업시설, 업무, 지원시설 등 다양한 생활 인프라를 갖춘 병점복합타운이 들어서 생활여건이 더욱 개선될 전망이다.

교통망도 비교적 풍부하다. 지하철 1호선 병점역에 인접해 있고 KTX, 1호선, 분당선 환승역인 수원역이 두 정거장밖에 되지 않아 급행 기준으로 용산역에 50분대로 이동할 수 있다. 단지로부터 7km 내외에 경부고속도로 동탄IC, 오산화성고속도로 안녕IC 등이 있어 서울 도심과 수도권으로의 접근성도 뛰어나다.

아쉬움이 남는 청약 결과

하지만 '병점역아이파크캐슬'은 2018년 11월 청약 당시 수도권 비규제 지역에서 청약제도 개편 전에 분양단지들이 1순위 마감되고 높은 청약경쟁률을 보였는데도 불구하고 1순위 청약에서 완판하지 못하고 2순위 마감했다. 2순위 마감 사유는 도심과 다소 거리가 멀고 비행기 소음 등에 취약할 수 있다는 우려 때문이라고 주변 부동산 전문가들은 말한다. 1순위 청약결과 총 2,099세대(특별공급 제외) 모집에 1만 1,166명이 접수하여 평균 5.32 대 1을 기록한 가운데 전용 75A㎡(7.22 대 1), 84A㎡(2.28 대 1), 105㎡(1.62 대 1), 134㎡(4.33 대 1)가 마감했다. 하지만 전용 75B㎡는 1순위 해당 지역에서는 미달됐고 1순위 기타지역에서 1.42 대 1의 경쟁률로 마감했다. 전용 84B㎡도 1순위 해당 지역에서는 미달됐고, 1순위 기타지역에서 1.05 대 1 경쟁률로 접수를 마감했다. 전용 84㎡C는 0.83 대 1의 경쟁률로 잔여 물량은 2순위 해당 지역에서 4.8 대 1로 청약 접수를 종료했다. 다만, 2순위 청약에서는 모두 높은 경쟁률로 마감이 이루어져 실수요자에 대한 기대감이 살아 있음을 확인할 수 있었다.

기본 개요

- **지하철** 1호선 병점역(600m) 등
- **도로** 봉영로(200m), 효행로(450m), 경기대로(850m), 안녕IC(1.5km), 기흥동탄IC(6.4km) 등
- **학교** 병점초(1km), 안용중(700m), 병점중(1.3km), 병점고(1.5km) 등
- **편의시설** 홈플러스 병점점(850m), 화산체육공원(1.1km), 원광종합병원(1.8km) 등

단지 개요

- **단지명** 병점역아이파크캐슬
- **위치** 경기도 화성시 병점동 675
- **규모** B2~26층 27개동 2,666세대(일반분양 2,666세대)
- **입주** 2021.3

공급면적		전용면적		세대수			분양가(만원)	
m^2	평	m^2	평	일반	특별	합계	최고가	평당
79.92	24.18	59.89	18.12	127	91	218	27,600	1,142
100.11	30.28	75.99A	22.99	142	104	246	34,400	1,136
100.01	30.25	75.94B	22.97	114	86	200	33,400	1,104
110.69	33.48	84.98A	25.71	747	563	1,310	36,800	1,099
111.48	33.72	84.96B	25.70	127	91	218	35,600	1,056
111.83	33.83	84.97A	25.70	191	138	329	36,200	1,070
136.85	41.40	105.99B	32.06	124	18	142	43,000	1,039
178.12	53.88	134.66	40.73	3		3	88,000	1,633
합계				1,575	1,091	2,666	-	-

위치

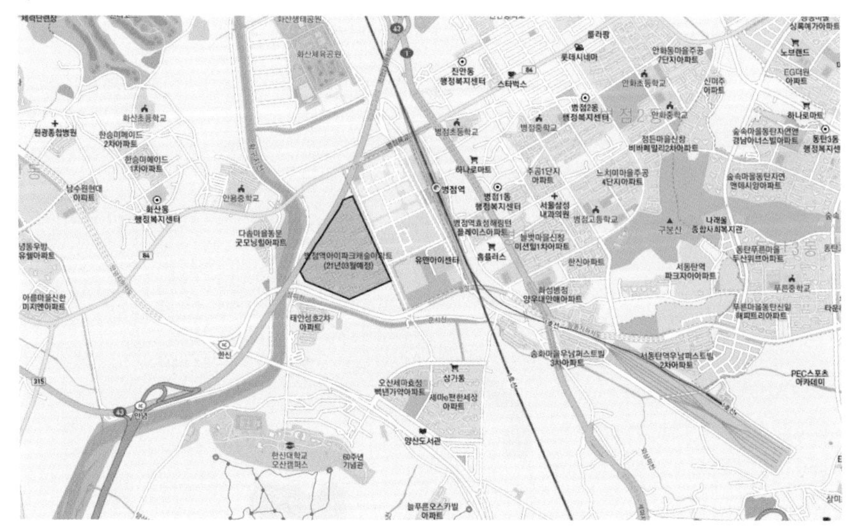

화산체육공원
화산초등학교
원광종합병원
한솔미메이드 2차아파트
한솔미메이드 1차아파트
남수원현대 아파트
화산동 행정복지센터
안용중학교
다솜마을동문 굿모닝힐아파트
병점역아이파크캐슬아파트 (21년03월예정)
유앤아이센터
태안성호2차 아파트
아름마을신한 미지엔아파트
롯데시네마
진안동 행정복지센터
스타벅스
안화동마을주공 7단지아파트
안화초등학교
신미주 아파트
병점2동 행정복지센터
병점중학교
병점초등학교
안화중학교
노브랜드
EG더원 아파트
하나로마트
숲속마을동탄자연앤 경남아너스빌아파트
동탄3동
정든마을신창 비바패밀리2차아파트
하나로마트
병점역
병점1동 행정복지센터
주공1단지 아파트
노치미마을주공 4단지아파트
숲속마을동탄자연앤 데시앙아파트
서울삼성 내과의원
병점고등학교
구봉산
나래울 종합사회복지관
병점역효성해링턴 플레이스아파트
늘벗마을신창 미션힐1차아파트
홈플러스
한신아파트
동탄푸른마을 두산위브아파트
서동탄역 파크자이아파트
푸른중학교
화성병점 양우내안애아파트
푸른마을동탄신일 해피트리아파트
송화마을우남퍼스트빌 3차아파트
서동탄역우남퍼스트빌 2차아파트
PEC스포츠 아카데미
상가동
오산세마효성 백년가약아파트
세마e편한세상 아파트
안녕
양산도서관
한신대학교 오산캠퍼스
60주년 기념관
늘푸른오스카빌 아파트

경기 지역

중심도시로 나아가기 위해 첫 발걸음을 뗀 오산시의 한 방! 오산세교2지구 (A4블록, A8블록)

- 경기 오산시 청학동
- 입주 : 2024년 5월(A4블록)/미정(A8블록)

'오산세교2지구'는 오산 도심의 서쪽, 세교지구 남쪽에 280만 7,000m² 규모로 조성되는 신도시로 공공주택 3,000여 세대를 포함해서 총 1만 8,000여 세대가 건설된다. 개발은 총 3단계에 걸쳐 진행되는데 2018년 말부터 순차적으로 조성공사를 마무리한다. 반경 10km 주변에 동탄1,2기 신도시, 평택고덕신도시 등이 있으며 주변에는 오산가장1,2, 평택진위2, 오산누읍, 산업단지가 인접해 있는 배후단지로 주거 수요도 풍부하다. SRT동탄역까지 8km 거리로 오산, 동탄 생활 인프라를 누릴 수 있으며 지하철 1호선 오산역이 근거리에 있고, 경부고속도로, 수도권 제2순환고속도로 등이 인접하고 있어 서울과 경기 남부 접근성이 뛰어난 장점이 있다.

2020오산 도시개발 구상도에 의하면 오산IC진입도로가 새롭게 조성되고,

세교택지지구와 동탄2신도시를 연결하는 1.35km 규모의 필봉터널이 2021년 12월 개통되면 동탄2신도시까지 차량으로 10분 이내로 접근이 가능하다. 오산~동탄 트램이 건설되면 교통망이 지금보다 더 개선되면서 서울 진입이 수월해진다.

자녀교육의 기대주로 떠오르는 오산

학군도 성호초, 성산초, 가수초, 오산초, 대호초, 오산원일중, 운천중, 오산고, 오산정복고, 운암고 등이 위치하고 있어 교육도시라는 평가를 받고 있으며 CGV, 이마트, 롯데마트, 하나로마트, 오산시청이 근접하고 있어 편리한 생활인프라를 갖추고 있다. '오산세교2지구' A4블록은 2021년 5~6월에 분양되는데 전체 전용 85㎡ 이하로 구성되어 있으며 1,245세대를 중흥건설에서 시공한다. A8블록은 지하철 1호선 오산역이 매우 가까우며 2021년 하반기 분양예정이며 전용 60~85㎡ 타입으로 20층 762세대를 금강주택에서 시공한다.

공공분양이 비교적 많았던 오산세교지구에는 대부분 프리미엄이 형성되어 있고 '오산세교2지구'는 청약비규제 지역으로 분양권 전매는 1년의 전매제한 기간을 두고 있다. 청약은 민영아파트로 당해 지역우선일 가능성이 높으므로 오산시에 거주하는 자는 청약 시 유리할 것으로 생각되고 합리적인 분양가로 분양된다면 수요층의 집중적인 관심이 많을 것이라 생각된다.

단지 개요

구분	오산세교2 A4(중흥S-클래스)	오산세교2 A8(금강팬테리움)
위치	경기도 오산시 청학동 일원	경기도 오산시 청학동 일원
건축규모	-	지상20층
가구수	총 1,245세대	총 1,086세대 중 일반분양 762세대
가구 구성	전용면적 85m² 이하	전용면적 60m²~85m²
건설사	중흥건설	금강주택
분양	2021년 5~6월	2021년 하반기

위치

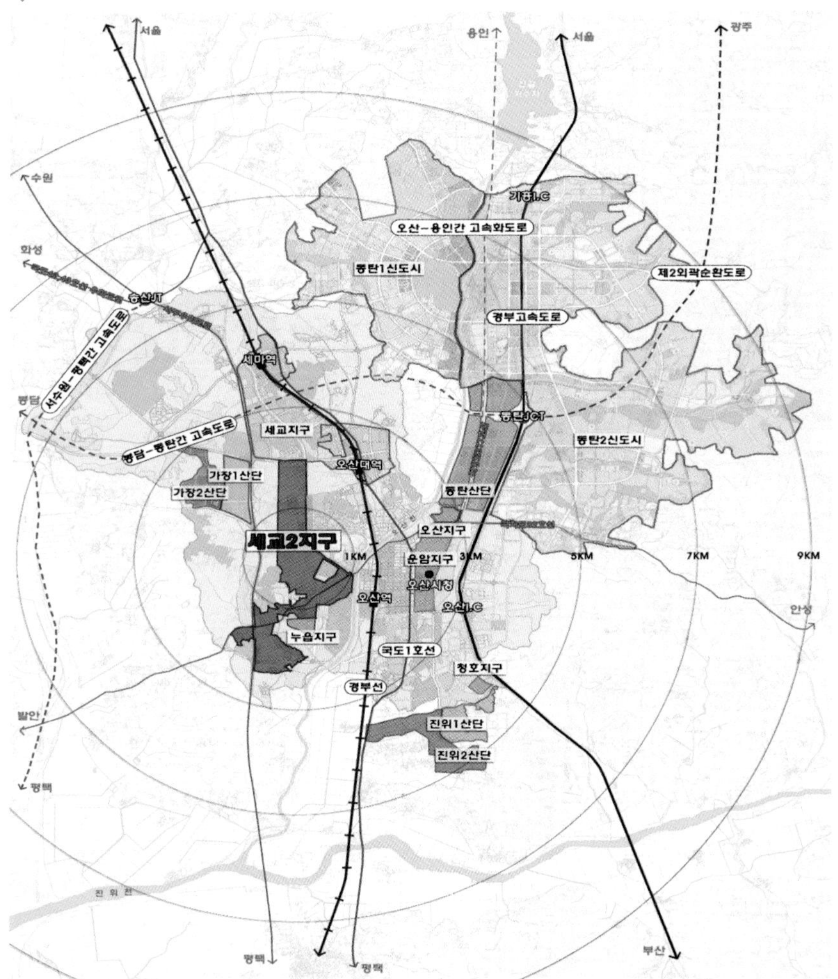

자료출처 : 한국토지주택공사

인천 지역

세계로 뻗어 나가는 인천의 노른자 땅 랜드마크시티센트럴더샵

- 인천시 연수구 송도동
- 입주 : 2020년 8월

'랜드마크시티센트럴더샵'은 인천시 송도국제도시 랜드마크시티(6,8공구) M1블록에 위치하고 있으며 지하 3층부터 지상 49층, 12개동(아파트 8개동, 오피스텔 4개동)으로 총 2,230세대(오피스텔 1,242실 제외) 규모의 매머드급 복합주거단지이다. 송도국제도시의 상징성과 광역교통망 등이 장점으로 꼽힌다. 전용면적이 84~95㎡만으로 구성된 아파트 단지이며, △ 84A㎡ 1,678세대, △ 95㎡ 552세대이다.

'랜드마크시티센트럴더샵'은 랜드마크시티의 중심입지로 단지 옆 송도6교(가칭)를 이용해 인천발 KTX 출발역인 KTX송도역을 편리하게 이용할 수 있다. 또한 단지를 둘러싸고 대규모 개발사업들도 진행 중이다. 대표적으로 단지 북서측에 인천항만공사가 '골든하버마리나'를 개발하고 있다. '골든하버마리나'는 113만 8,000여㎡ 규모로 크루즈와 카페리 등이 접안하는 신국제여객 터미널과 쇼핑몰·레저·호텔 등이 있는 복합관광단지를 짓는 사업이다. 여기에 물류와 도시서비스 기능이 겸비된 복합물류센터(2025년)와 랜드마크시티 내 128만여㎡에 68층 빌딩과 전망대, 문화의 거리, 18홀 골프장 등을 건립하는 '블루코어시티'도 추진 중이다.

GTX와 KTX라면 어디든 갈 수 있다

GTX-B노선과 부산까지 이동할 수 있는 KTX송도역의 개발호재가 있고 인천1호선 국제업무지구역과 수인선 송도역이 인접해있다. 근처에 송도고와 아암초(2021년 3월 개교)가 있다. 단지 남측으로는 송도랜드마크시티 7호 근린공원이 있고 북측, 서측으로는 공원용지가 있어 공원으로 둘러싸인 숲세권 아파트로 주거, 교육, 환경, 생활 인프라를 모두 갖춘 매머드급 아파트 단지로서 향후 배후 주거지로 높은 미래가치를 품고 있다.

'랜드마크시티센트럴더샵'는 아파트 기준 3.3㎡당 평균 분양가가 1,230만원대로 책정되었다. 송도 최대규모와 여러 개발호재 등 장점이 많은 복합주거단지인 만큼 실수요자가 적극적으로 청약에 참여하여 청약결과도 성황리에 마무리되었다. 2017년 7월, 청약결과 1순위 청약(특별공급 제외)에서 총 1,977세대 모집에 1만 4,493명이 접수해 평균 7.31 대 1의 경쟁률을 나타냈다. 전용면적 84A㎡가 903세대 모집에 1만 2,056명이 몰려 최고 경쟁률인 13.35 대 1로 최고 경쟁률을 기록했으며 84B㎡는 2.22 대 1, 84C㎡는 2.05 대 1, 95㎡는 2.37 대 1을 기록했다.

기본 개요

- **지하철** 인천1호선 국제업무지구역(1km), 수인선 송도역(3.4Km) 등
- **도로** 제2경인고속도로(1km), 아암대로(1.6km), 서해대로94번길(2km), 연수JC(1Km) 등
- **학교** 아암초(850m), 송도고(2.5km), 인하대용현캠퍼스(4.8km) 등
- **편의시설** 송도달빛 축제공원(1.6km), 센트럴공원(3km), 코스트코송도점(3.1km) 등

단지 개요

- **단지명** 랜드마크시티샌트럴더샵
- **위치** 인천 연수구 송도동 311
- **규모** B3~49층 12개동 2,230세대(일반분양 2,230세대)
- **입주** 2020.8

공급면적		전용면적		세대수			분양가(만원)	
m²	평	m²	평	일반	특별	합계	최고가	평당
115.93	35.07	84.99A	25.71	646	480	1,126	44,720	1,275
117.38	35.51	84.79B	25.65	214	154	368	44,290	1,247
117.48	35.54	84.81C	25.66	108	76	184	43,790	1,232
131.93	39.91	95.85	28.99	427	125	552	49,890	1,250
합계				1,144	561	1,705	-	-

※ 오피스텔 1,242실 별도

위치

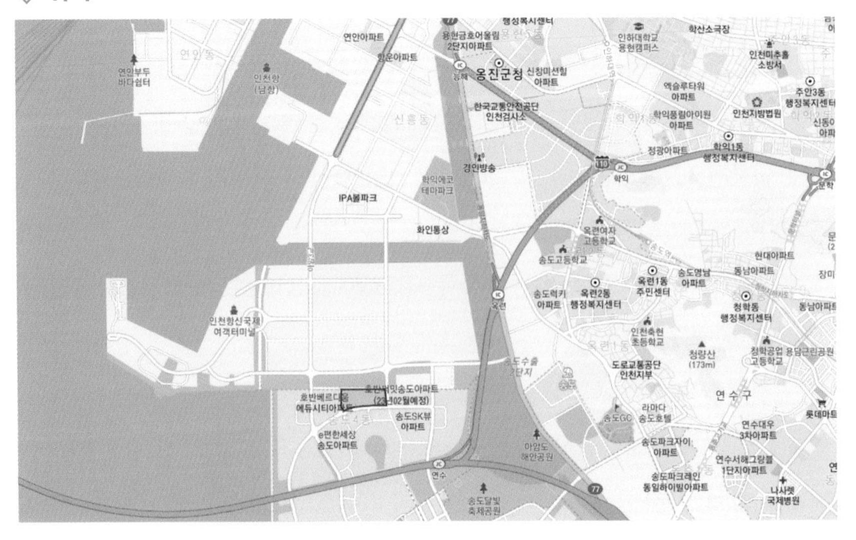

인천 지역

인천 계양구의 핵심입지 최상의 인프라를 전부 갖춘 계양효성해링턴플레이스

- 인천 계양구 서운동
- 입주 : 2021년 2월

'계양효성해링턴플레이스'는 지하 2층부터 지상 31층, 16개동 전용면적 39~99m²로 1,699세대 규모의 지상 주차장이 없는 중소형 위주의 아파트로 구성된다. 이 중 아파트 1,131세대를 일반분양하는데 전용면적 △ 39m² 9세대, △ 59m² 310세대, △ 72m² 301세대, △ 84m² 468세대, △ 99m² 43세대로 구성되어 있다.

'계양효성해링턴플레이스'는 분양 당시 서울외곽순환도로 옆에 건설되는, 인천 계양구 도심권에 처음 들어서는 대규모의 아파트로서 인천 및 경기 부천지역 거주자들에게 뜨거운 관심을 받았다. 경인고속도로 부천나들목IC, 서울외곽순환도로 계양나들목이 단지 내에서 5분 내외 거리에 있어서 서울 및 수도권 전역으로의 이동이 쉬운 게 최대 장점으로 꼽힌다. 청라에서 강서로 운행하는 간선급행버스체계(BRT) 정류장이 단지에서 도보 5분 내외의 거리에 있는데, 이 노선은 인천 청라국제도시에서 서울 화곡역까지 연결되어 있어서 서울로의 이동에 편리하다.

도보거리에 서운초, 서운중, 서운고의 교육시설과 대규모 공원녹지와 서운체육공원 등이 있어 쾌적한 자연환경을 누릴 수 있다. 또한 이마트, 홈플러스 롯데마트, 세종병원 등이 근접해 있어 계산지구 중심권 생활 인프라를 활용할 수 있다.

'계양효성헤링턴플레이스'의 청약결과

'계양효성헤링턴플레이스'는 1순위 청약접수 결과 1,065세대(특별공급 제외) 모집에 총 3,412명이 접수해 평균 3.2 대 1의 경쟁률을 나타냈다. 최고 경쟁률은 39m^2 타입으로, 9세대 모집에 총 27명이 접수하면서 5.11 대 1을 기록했다. 59Bm^2는 1.24 대 1(78세대 모집, 97명 지원), 59Am^2는 3.37 대 1(212세대 모집, 715명 지원), 72Am^2는 4.78 대 1(99세대 모집, 474명 지원), 72Bm^2는 1.17 대 1(181세대 모집, 213명 지원), 84Am^2는 2.54 대 1(372세대 모집, 948명 지원), 84Bm^2는 1.16 대 1(72세대 모집, 84명 지원), 99m^2는 3.47 대 1(42세대 모집, 146명 지원)의 경쟁률을 기록했다. 이 중 1순위 기타지역까지 청약된 타입은 59Am^2, 59Bm^2, 72Bm^2, 84Bm^2이다. 우수한 입지, 특화설계 등이 청약결과로 이어졌다는 평가를 받았다.

기본 개요

- **지하철** 인천1호선 작전역(2km) 등
- **도로** 봉오대로(250m), 아나지로(350m), 경인고속도로(500m), 서운JC(600m) 등
- **학교** 서운초(250m), 서운중(350m), 서운고(200m) 등
- **편의시설** 서운체육공원(350m), 서운도서관(350m), 서운공원(400m) 등

단지 개요

- **단지명** 계양효성헤링턴플레이스(서운구역 재개발)
- **위치** 인천 계양구 서운동 9-3
- **규모** B2~31층 16개동 1,699세대(일반분양 1,131세대)
- **입주** 2021.2

공급면적		전용면적		세대수			분양가(만원)	
m^2	평	m^2	평	일반	특별	합계	최고가	평당
55.27	16.72	39.88	12.06	9		9	21,082	1,261
82.27	24.89	59.97A	18.14	156	74	230	32,806	1,318
82.82	25.05	59.97B	18.14	54	26	80	32,424	1,294
99.91	30.22	72.99A	22.08	77	35	112	38,385	1,270
99.93	30.23	72.96B	22.07	130	59	189	37,666	1,246
115.84	35.04	84.98A	25.71	267	127	394	42,387	1,210
116.26	35.17	84.96B	25.70	52	22	74	41,694	1,186
135.47	40.98	99.93	30.23	38	5	43	45,161	1,102
합계				783	348	1,131	-	-

※ 임대 84세대 / 조합 450세대 / 보류지 4세대 제외

위치

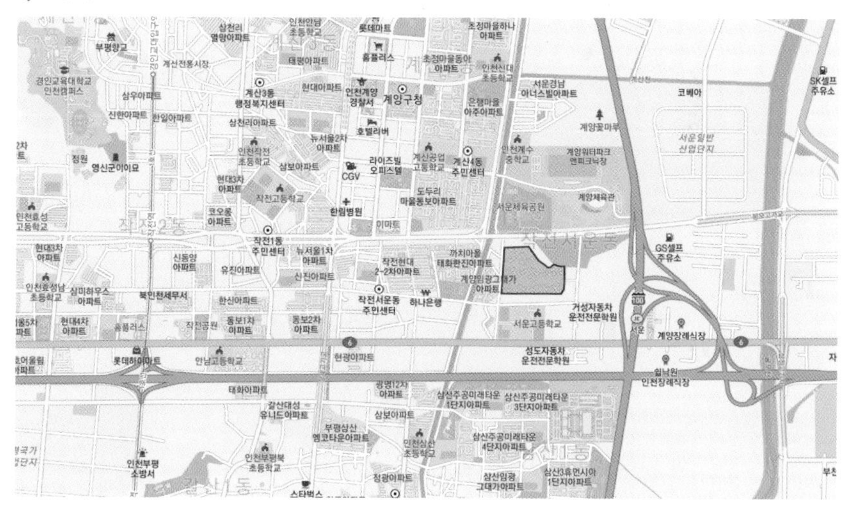

PART 4

남부럽지 않은 역세권 아파트를 마련하자

새로운 금맥이 흐르는 교통망 투자지도

지하철 개통에 따른 효과와 부동산 가격의 상관관계

그동안 지하철역까지의 거리와 아파트 가격의 관련성을 중심으로 많은 연구가 있었다. 그 내용을 간략히 정리하면 다음과 같다.

지하철 계획의 발표 단계에서부터 개통 이후까지 아파트의 가격변화를 연구한 결과 개통 단계에서 가장 많이 상승하였고, 아파트 평형이 커질수록, 그리고 아파트가 노후화될수록 가격 상승폭이 큰 것으로 분석되었다. 또한 집값에 미치는 영향력은 저평가된 지역에 있는 아파트일수록 개통 전보다 개통 후가 더 큰 것으로 나타났다. 즉, 기존 저평가 지역은 시장의 관심을 받지 못하고 있다가 지하철이 개통되고 실제로 거주자들이 지하철을 이용하고 편리성을 느끼게 되면서 해당 지역에 있는 아파트에 관심을 갖게 된다.

지하철 개통은 곧 부동산 호재

이렇듯 부동산 시장, 특히 아파트 시장에 있어서 지하철 개통과 같은 광역 교통망 확충은 최고의 개발호재로 손꼽힌다. 지하철이 개통되면 주변지역 주택의 수요가 집중되고, 그에 따라 부동산 시장도 활성화된다. 기존의 연구 결과와 같이 지하철역까지의 거리에 따라 도보시간의 차이가 발생하게 되고, 이것은 다시 아파트 가격의 차이를 만들게 되는 것이다.

앞에서 지하철의 개통 전·후를 비교하면 개통 후에 아파트 가격이 더 오른다고 하였는데, 부동산114에서 인천지하철 2호선과 경강선의 개통 전·후를 비교분석한 자료를 활용하여 다시 한 번 그 결과를 살펴보겠다.

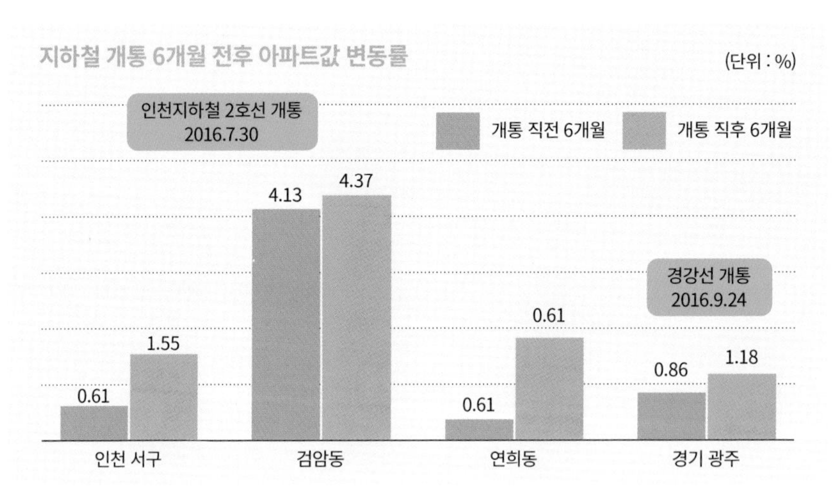

자료출처 : 부동산114

2016년에 개통한 인천지하철 2호선과 경강선의 주변지역은 지하철 개통 직전 6개월보다 개통 직후 6개월의 아파트값 상승률이 더 높았다. 인천지하철 2호선의 경우 개통 직전 인천 서구의 6개월 아파트값 상승률은 0.61%이었던 데 비해 개통 직후 6개월 동안 아파트 가격은 두 배 이상 오른 1.55%를 기록했다. 특히 인천지하철 2호선과 인천공항철도가 환승되는 검암역 인근에 소재하는 아파트값은 개통 직전 6개월은 4.13%, 개통 직후 6개월은 4.37%를 나타내 개통 전후 4% 이상의 상승률을 기록하였으며, 역시 개통 직후 6개월의 아파트 가격상승률이 더 높았다.

경강선이 개통되기 전까지 경기도 광주에는 서울과 연결되는 지하철이 없었다. 경강선의 개통으로 경기도 성남과 서울의 강남 쪽으로 연결되어 교통여건이 크게 개선되었다. 경강선을 이용하면 경기도 광주의 곤지암역에서 서울의 강남까지 약 40분으로 지하철을 이용한 출퇴근이 가능하다. 경강선의 개통 직전 6개월 아파트값 상승률은 0.86% 오르는 데 그쳤지만 지하철 개통 직후 6개월은 1.18% 상승하여 인천지하철 2호선과 마찬가지로 지하철역 개통 직후 아파트 가격의 상승률이 더 높은 것을 알 수 있다.

중요한 건 지하철까지의 소요시간

그러나 지하철이 개통된다고 해서 모든 지역의 아파트 가격이 무조건 오르는 것은 아니다. 서울과 같이 지하철 교통망이 잘 갖춰진 지역은 직접적으로 아파트 단지와 연결되는 지하철역이 개통되지 않는 이상 지하철 개통 이후에도 아파트 매매가격이 많이 오르지 않는 경우가 있다. 하지만 지하철 교통망이 잘 갖춰지지 않은 수도권 외곽지역은 지하철 개통 이후에 도심으로의 접근성 및 편리성이 개선되어 아파트 매매가격이 지속적으로 오르기 때문에 투자 수요가 존재하고 실수요자도 관심을 갖게 된다. 이는 다시 아파트 매매가격을 끌어올리는 역할을 한다. 서울 외곽지역의 지하철이 개통되는 아파트 단지 중 상대적으로 저평가되고 제반 여건이 양호한 아파트 단지를 물색한다면 보다 높은 수익을 얻을 수 있을 것이다.

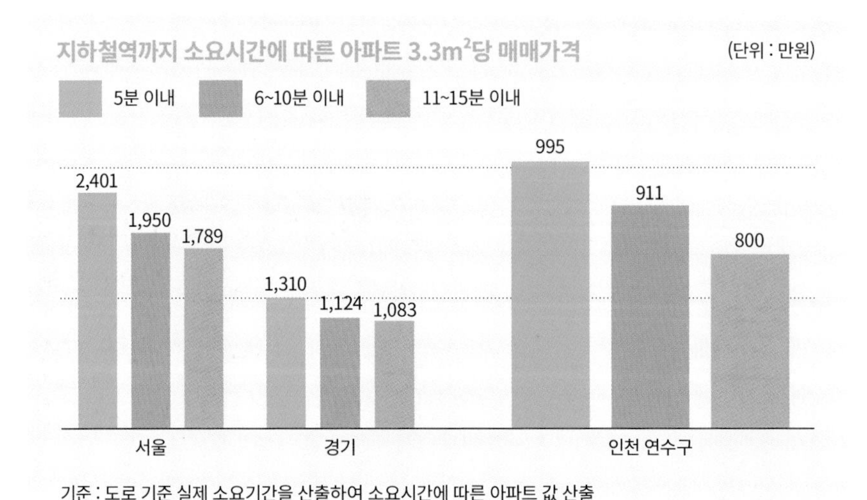

자료출처 : 부동산114

지하철 소요시간에 따른 매매가격

이번에는 부동산114에서 조사한 자료를 토대로 지하철역까지 소요시간에 따른 아파트 3.3m²당 매매가격을 분석해보자. 흔히 역세권이라고 하면 도보로 5분 거리를 말하는데, 이것이 아파트 가격에 큰 영향을 미친다. 우선 역세권의 범위를 정의해보면 지하철역의 중심을 기준으로 반경 200~500m 이내를 1차 역세권으로, 반경 500~1,000m를 2차 역세권, 1,000m를 초과하면 3차 역세권으로 구분하고 있다. 즉 우리가 말하는 역세권이란 1차 역세권으로, 반경 500m 이내 도보 5분 거리를 말한다.

결론적으로 서울시, 경기도, 인천시 모두 지하철역과 아파트의 거리가 가까울수록 아파트값이 더 비싼 것으로 나타나고 있다.

지역별로 살펴보면 서울은 도보 5분 이내 3.3m²당 아파트 가격이 2,401만 원, 도보 6분~10분 이내 1,950만 원, 도보 11~15분 이내 1,789만 원으로 1차

역세권에 속한 아파트가 2차 역세권이나 3차 역세권에 속한 아파트에 비해 가격이 비쌌다. 경기도 역시 도보 5분 이내 3.3㎡당 아파트 가격이 1,310만 원, 도보 6분~10분 이내 1,124만 원, 도보 11~15분 이내 1,083만 원으로 지하철역에 가까운 역세권일수록 가격이 비쌌다. 마지막으로 인천 연수구 역시 도보 5분 이내 3.3㎡당 아파트 가격이 995만 원, 도보 6분~10분 이내 911만 원, 도보 11~15분 이내 800만 원으로 1차 역세권에 속한 아파트가 2차나 3차 역세권에 속한 아파트에 비해 가격이 높은 것을 알 수 있다.

이러한 현상이 나타나는 것은 당연히 도심으로 통근을 하는 직장인의 입장에서 지하철을 활용할 경우 접근성과 편리성이 좋고 출퇴근 시 소요되는 시간을 절약할 수 있는 역세권 아파트를 선호하기 때문이다. 역세권 아파트에 대한 높은 수요가 곧 역세권 아파트의 가격이 높게 형성되는 요인이 된다.

서울지하철 5호선 연장에 수도권이 확장된다

서울지하철 5호선 연장구간은 총 7.7km의 길이로 5개의 정거장(강일역~미사역~하남풍산역~하남시청역~하남검단산역)이 들어서며 2020년 8월에 1단계, 2021년 3월에는 하남검단산에 이르는 전구간이 개통되었다.

서울 지하철 5호선의 강서 쪽은 노선이 일원화되어 있지만, 강동 쪽은 송파구 거여·마천동과 강동구 고덕·상일동으로 이원화되어 있는 분산노선이다. 그 중에서 2021년 3월에 개통이 되는 5호선 연장구간은 송파구 거여·마천동 방향이 아닌 강동구 상일동에서 강일동을 거쳐 경기도 하남시를 통과하게 된다.

지하철 5호선 미사역이 개통된다면 미사지구에서 강남권까지 지하철로 약 20분 소요되어 강남 생활권의 수혜를 입을 수 있기 때문에 5호선 최고의 수혜지역을 미사지구로 보고 있다.

미사역에서 천호역은 15분, 잠실역은 26분, 군자역은 22분이 소요될 것으로 예상된다. 5호선이 연장되면 강동구의 접근성뿐만 아니라 미사지구에서의 접

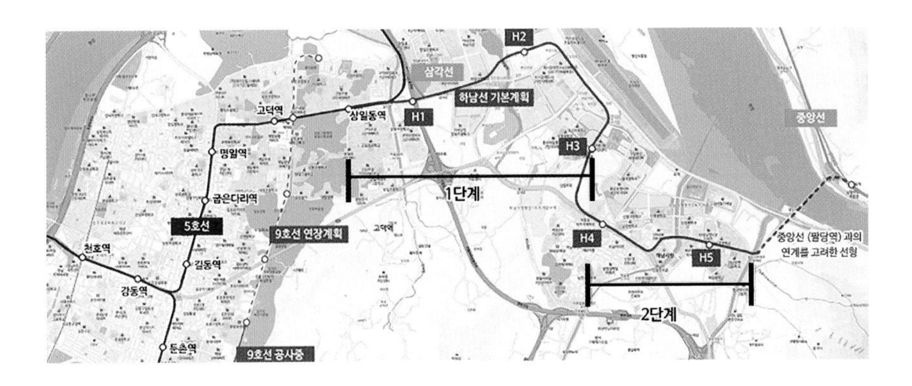

근성이 크게 개선되어 하남미사지구 입주민과 하남시 거주민의 출퇴근을 수용할 수 있어 부동산 시장에서 큰 호재로 작용할 것으로 보고 있다.

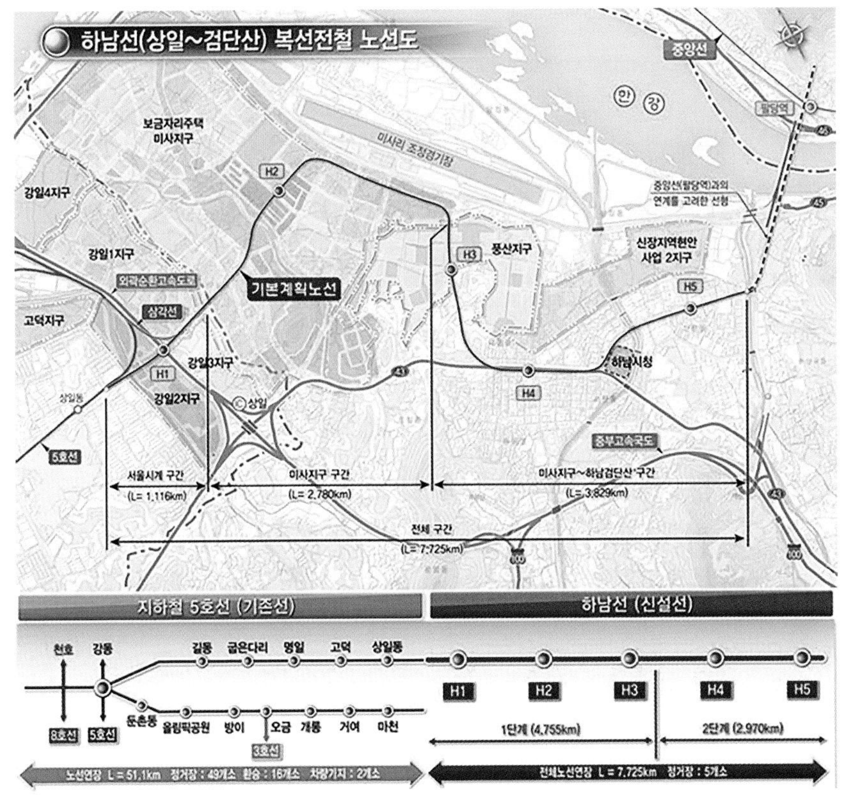

자료출처 : 서울시

강일역까지 단 5분 거리

강일역과 가장 가까운 '강일리버파크9단지'는 총 841가구 아파트 단지로 공급면적 111㎡의 단일면적으로 구성되어 있으며 '고덕리엔파크2단지'는 총 636가구의 중소형 아파트 단지로 공급면적 78~149㎡의 다양한 면적으로 구성되어 있다. '강일리버파크9단지'와 '고덕리엔파크2단지' 모두 강일역과는 300m 거리로, 도보로 전철역 5분 이내의 역세권 아파트로 꼽을 수 있다. 또한 차량 이용 시 서울외곽순환고속도로 상일IC와 강일IC로 바로 진입이 가능하기 때문에 서울과 수도권 인접 도시로의 접근성이 우수하다.

미사역을 내 옆집처럼

미사역과 가장 가까운 거리에 있는 '미사강변도시28단지'는 지하철역에서 도보로 3분거리로 약 300m 떨어져 있으며, 1,541가구 대형아파트 단지로 공급면적도 81~116㎡로 다양하게 구성되어 있는 역세권 아파트 단지이다. 지하철의 접근성이 우수하고 상업지역 이용이 편리하여 전철 개통 시 추가적인 가격상승이 예상된다.

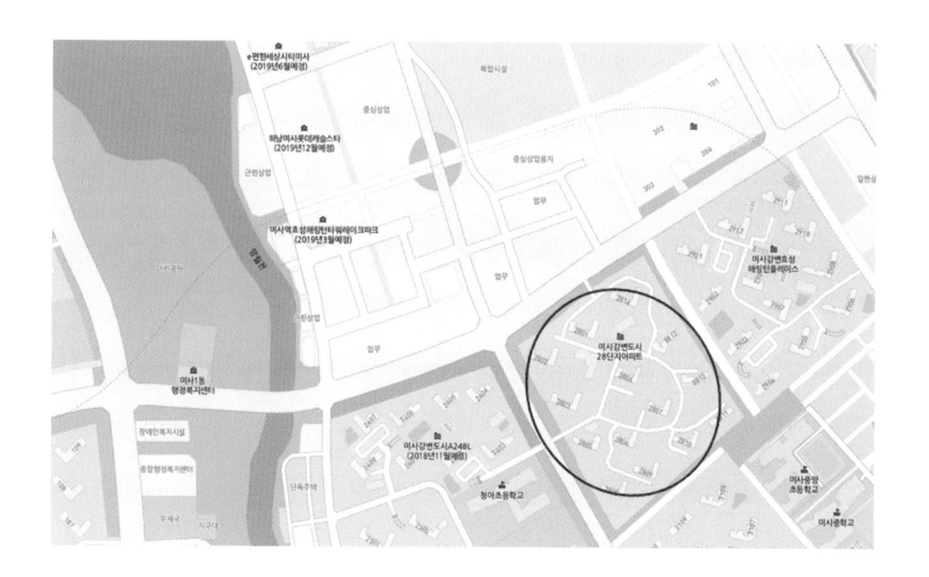
e편한세상시티미사
(2019년6월예정)
중심상업
하남미사롯데캐슬스타
(2019년12월예정)
근린상업
미사역효성해링턴타워레이크파크
(2019년3월예정)
근린공원
근린상업
업무
미사1동
행정복지센터
장애인복지시설
종합행정복지센터
우체국
지구대
단독주택
복합시설
중심상업용지
업무
업무
미사강변도시A24BL
(2018년11월예정)
청아초등학교
미사강변도시
28단지아파트
미사강변효성
해링턴플레이스
미사중앙
초등학교
미사중학교

서울지하철 9호선 4단계 연장과 더블 역세권에 주목하라

서울지하철 9호선은 2009년 1단계, 2015년 2단계, 2018년 3단계 구간이 개통되어 현재 강서구 개화역~신논현~종합운동장~중앙보훈병원역, 14.4km 구간이 운행 중에 있고 추가로 승인된 4단계 구간인 중앙보훈병원역~고덕강일 1지구, 4.12km 구간이 연결되면 전체 연장길이는 총 45.5km가 된다.

지하철 9호선 4단계 연장노선은 강동구 중앙보훈병원역~길동생태공원~한영고~고덕역~샘터공원 구간으로 4개의 역이 들어서게 되고, 강동에서 강남까지 환승 없이 30분 이내에 진입 가능해 강동구민의 교통 편의성을 제공할 수 있을 것으로 예상된다.

또한 지하철 9호선 연장사업이 모두 완공되면 강동지역과 송파, 강남, 서초, 동작, 영등포, 강서지역이 직접 연결되어 서울 한강이남을 강동에서 강서까지 동서로 모두 관통하게 된다. 이처럼 송파, 강동, 강남, 강서지역이 지하철 9호선으로 직접 연결되면 한강 남쪽의 동·서 접근성 역시 한층 개선될 것으로 전망된다.

서울시는 지하철 9호선 연장 사업에 대한 기본계획이 승인됨에 따라 빠른 시일 내에 기본 및 실시설계, 각종 영향평가 등 후속절차를 조속히 추진하여 2022년 착공, 2027년 완공될 수 있도록 하겠다는 입장이다.

자료출처 : 국토교통부

생태공원사거리역의 초역세권

생태공원사거리역과 가장 가까운 '강동자이아파트'는 총 596가구 아파트 단지로 공급면적 104~172㎡로 구성되어 있으며 생태공원사거리역과는 약 200m 거리에 있어 도보로 전철역 2분 이내 역세권 아파트로 꼽을 수 있다.

또한 인근에 일자산허브천문공원과 길동자연생태공원이 위치하고 있어 쾌적하고 자연친화적인 숲세권 아파트로 향후 지하철 개통 시 추가적인 가격상승이 예상되는 아파트 단지이다.

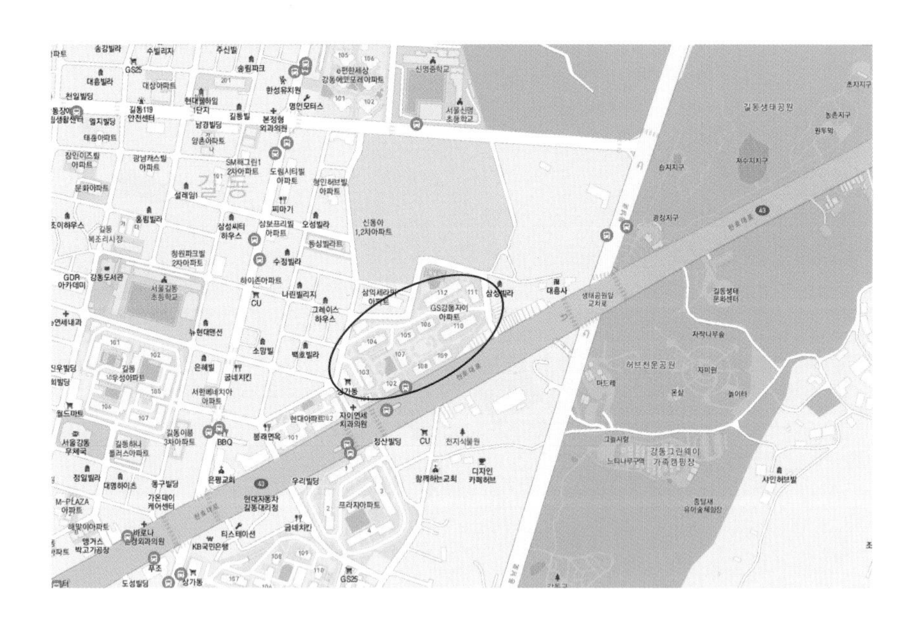

한영고교역, 이름에 맞게 훌륭한 학군까지

한영고교역이 개통 예정된 인근에는 학군이 우수한 명일동 아파트 밀집지역이 위치해 있다. '명일한양아파트'는 540가구의 공급면적 102~138㎡, '명일현대아파트'는 524가구 공급면적 105~154㎡로 다양하게 구성되어 있으며 한영고고역과 100m 거리에 위치하고 있는 초역세권 아파트 단지로 도보로 1분 거리에 전철역 이용이 가능하다.

또한 한영중, 한영고, 한영외고, 명일여고, 명원초, 대명초 등 초·중·고가 있어 교육여건이 뛰어나 추가적인 아파트 가격의 상승이 기대되는 지역이다.

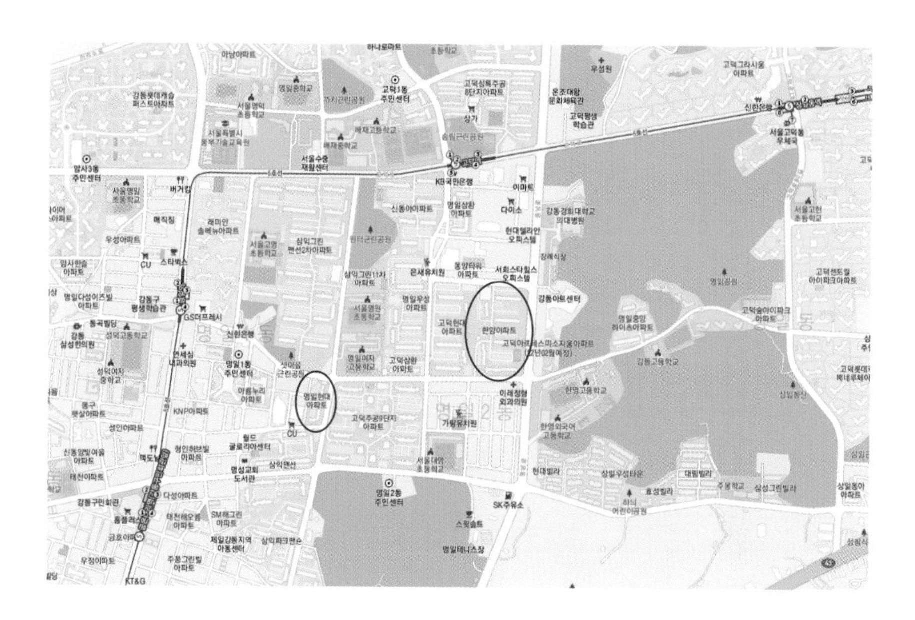

1분 거리의 고덕역은 호선이 두 개다

고덕역에서 가장 가까운 '명일신동아아파트'는 570가구로 공급면적 97~146㎡로 다양하게 구성되어 있으며 고덕역에서 100m 거리에 있어 도보로 전철역 1분 이내 초역세권 아파트로 꼽을 수 있다. 지하철 5호선 고덕역에 더해 9호선 고덕역이 추가로 개통된다면 5호선 고덕역과 9호선 고덕역의 더블 역세권으로서의 편리성과 혜택을 누릴 수 있는 아파트 단지다.

또한 인근에 이마트, 강동경희대학교병원과 원터근린공원이 있어 쇼핑, 의

료, 쾌적성 등 생활의 편리성을 누릴수 있는 아파트 단지로 평가받는다.

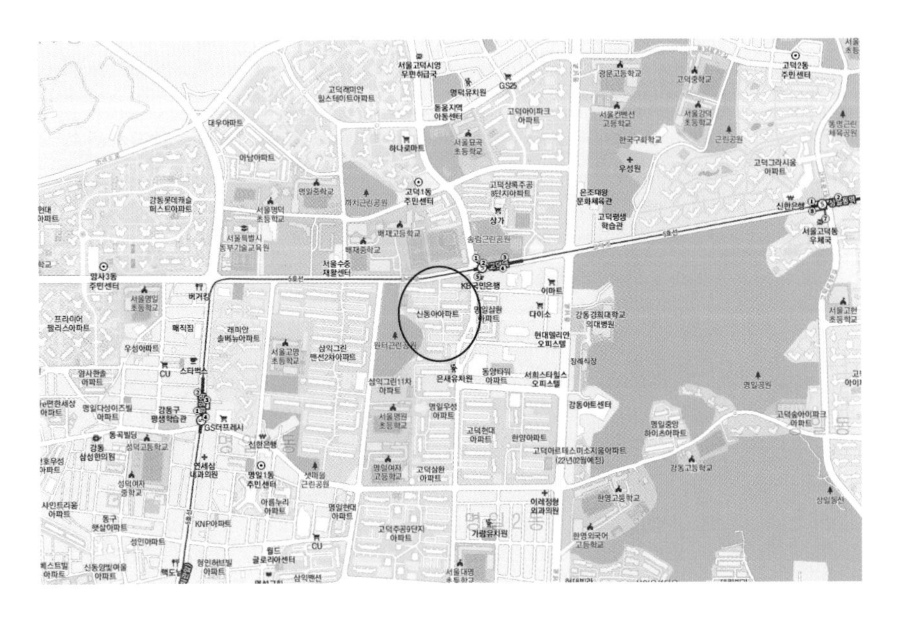

샘터공원역, 고덕역. 이것이 바로 더블역세권

샘터공원역에서 가장 가까운 '고덕아이파크아파트'는 총 1,142가구 대규모 아파트 단지로 공급면적 85~215㎡로 다양하게 구성되어 있으며 샘터공원역과 고덕역에서 각각 300m 거리에 있어 도보로 전철역 3분 이내 역세권 아파트로 꼽을 수 있다. 현재 지하철 5호선 고덕역을 이용할 수 있으나 추가로 9호선 샘터공원역이 개통된다면 5호선 고덕역과 9호선 샘터공원역의 더블 역세권으로서의 편리성과 혜택을 누릴 수 있는 아파트 단지이다.

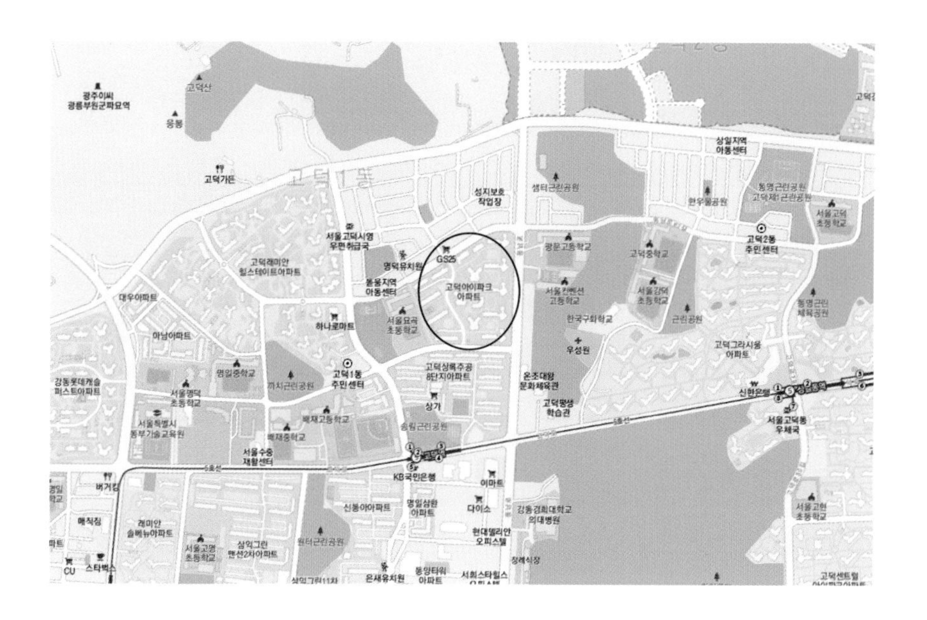
광주이씨
광릉부원군파묘역
고덕산
응봉
고덕가든
고덕1동
서울고덕시영
우편취급국
고덕래미안
힐스테이트아파트
명덕유치원
GS25
봉울지역
아동센터
고덕아이파크
아파트
대우아파트
하나로마트
서울묘곡
초등학교
아남아파트
명일중학교
고덕1동
주민센터
고덕상록주공
8단지아파트
강동롯데캐슬
퍼스트아파트
서울명덕
초등학교
상가
배재고등학교
서울특별시
동부기술교육원
배재중학교
송림근린공원
서울수송
재활센터
5호선
KB국민은행
버거킹
신동아아파트
명일삼환
아파트
매직짐
래미안
솔베뉴아파트
서울고명
초등학교
삼익그린
맨션2차아파트
CU
스타벅스
은새유치원
동양타워
아파트
성지보호
작업장
샘터근린공원
상일지역
아동센터
한우물공원
동명근린공원
고덕제1근린공원
서울고덕
초등학교
고덕2동
주민센터
광문고등학교
고덕중학교
서울컨벤션
고등학교
서울강덕
초등학교
동명근린
체육공원
한국구화학교
근린공원
우성원
고덕그라시움
아파트
온조대왕
문화체육관
고덕평생
학습관
신한은행
서울고덕동
우체국
이마트
다이소
강동경희대학교
의대병원
현대웰리안
오피스텔
장례식장
서희스타힐스
서울고현
초등학교
고덕센트럴

신안산선 복선전철에 새로운 교통 요충지가 생긴다

신안산선은 서울시 여의도역에서 경기도 안산시 한양대역과 화성시의 송산역을 연결하는 광역철도 노선이다. 사업규모는 총 연장길이 44.7km로 정거장 15개와 차량기지 1개소가 들어서는 사업이다. 공사기간은 2019년~2024년까지로 예정되어 있으며 2019년 9월에 착공하여 현재 본격적인 공사에 들어가 있다.

신안산선 복선전철은 지하 40m 이하 대심도에 철도를 건설하여 지하 매설물이나 지상부 토지 이용에 대한 영향 없이 최대 110km로 운행하는 광역철도이다.

그동안 광역도시철도의 사각지대로 서울 도심 접근에 어려움을 겪었던 경기 서남부 주민들의 교통 여건이 획기적으로 개선될 것으로 기대된다.

또한 신안산선이 주목받는 이유 중 하나는 GTX 못지않은 환승라인을 자랑한다는 것이다. 수도권 서남부 지역과 서울 도심을 연결하면서 다양한 철도 노선으로 환승이 가능하기 때문에 서남부 지역의 교통 개선에 큰 기여를 할 것으로 예상된다.

100걸음 앞에 시흥시청역

시흥시청역과 가장 가까운 장현동 '새재마을대동청구'는 총 958가구 아파트 단지로 공급면적 78~140㎡까지 다양하게 구성되어 있으며 시흥시청역과 500m 거리에 있어 도보로 전철역 이용이 가능한 역세권 아파트로 꼽힌다. 향후 지하철역 개통과 장현지구 개발에 따라 지속적인 추가 상승이 기대되는 아파트 단지이다.

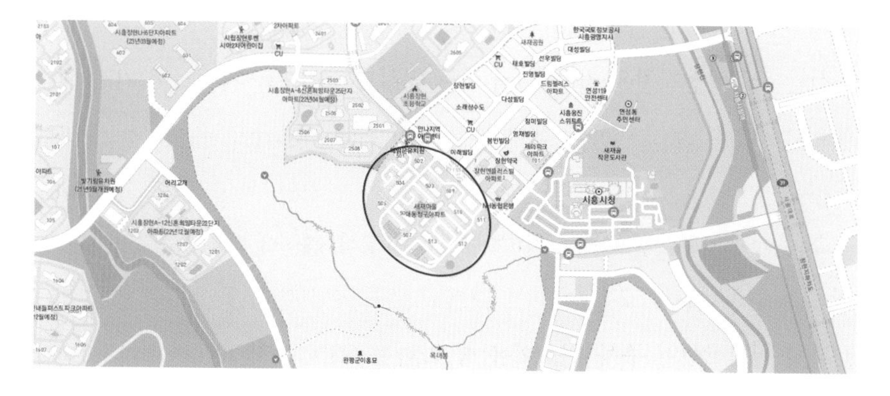

도보로 갈 수 있는 시흥능곡역

시흥능곡역과 가까운 시흥시 능곡동 능곡지구에 위치한 '시흥능곡자연앤' 239가구와 '능곡상록힐스테이트' 321가구는 지하철역과 200~400m 거리로 도보 5분 거리에 위치하고 있어 접근성이 뛰어나다. 인근에 중심상업지역을 이용할 수 있어 편리성이 좋으며 초·중·고가 인접해 있어 교육여건도 양호해 추가적인 가격상승이 예상되는 아파트 단지이다.

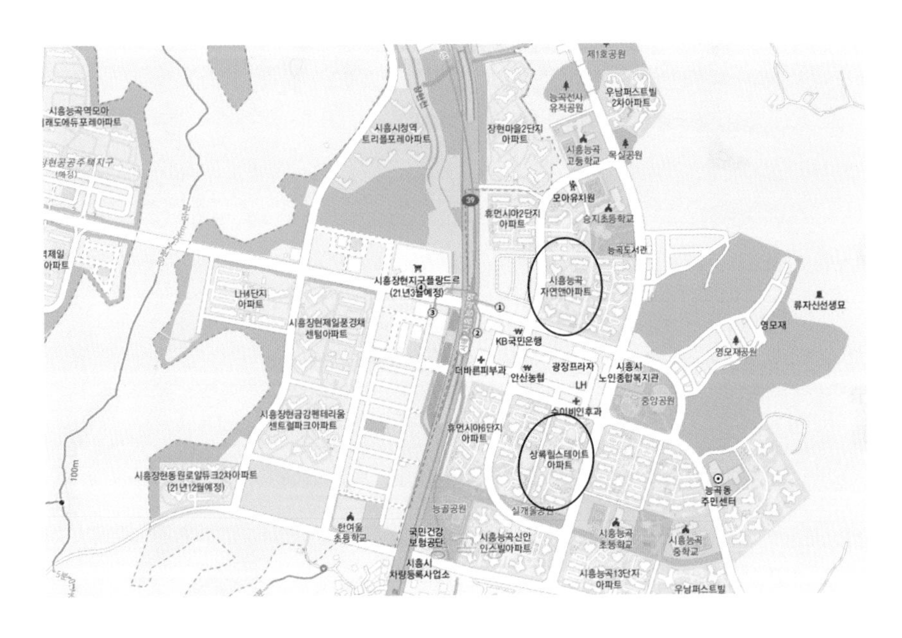

광명KTX역, 받고 신안산선 광명역까지 더블로

광명KTX역의 대표적인 초역세권 주상복합 단지인 '광명역센트럴자이'는 총 1,005가구로 공급면적 87~171㎡, '광명역U플래닛데시앙아파트'는 1,500가구에 공급면적 119~146㎡, '광명역써밋플레이스'는 1,430가구 공급면적 86~140㎡로 다양하게 구성되어 있으며 KTX광명역에서 100m 떨어져 있어 도보로 1분 이내 초역세권 아파트로 꼽을 수 있다. 현재 KTX광명역을 이용할 수 있으나 추가로 신안산선 광명역이 개통된다면 더블 역세권으로서의 편리성과 혜택을 누릴 수 있는 아파트 단지다.

또한 인근에 코스트코, 이케아, 롯데몰 등 생활편의시설이 갖추어져 있고, 제2경인고속도로 석수IC를 이용해 외부로의 차량 접근성이 우수하여 향후 추가적인 가격상승이 예상되는 아파트 단지이다.

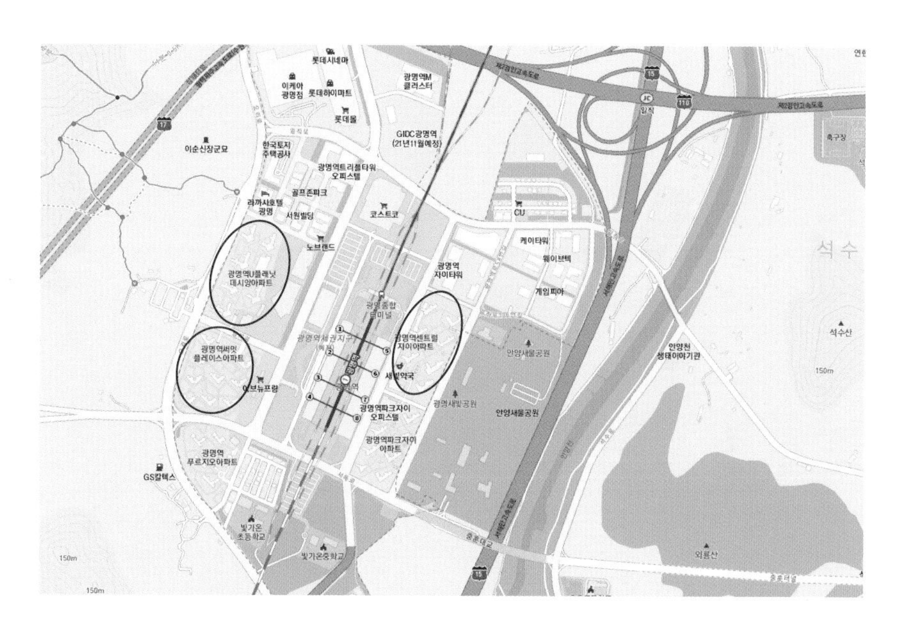

신안산선까지 몸집을 불릴 4호선 중앙역

지하철 4호선 중앙역의 대표적인 아파트 단지인 '고잔푸르지오3차'는 총 1,134가구로 공급면적 91~157㎡, '힐스테이트중앙아파트'는 1,152가구에 공급면적 85~130㎡, '안산센트럴푸르지오'는 990가구에 공급면적 112~149㎡로 다양하게 구성되어 있으며 중앙역에서 300m 거리에 있어 도보로 3분 이내

역세권 아파트로 꼽을 수 있다.

현재 지하철 4호선 중앙역을 이용할 수 있으며 향후 신안산선 중앙역이 개통되면 더블 역세권으로서의 편리성과 서울로의 접근성이 개선되는 등 수혜를 받을 수 있는 아파트 단지다.

또한 인근에 롯데백화점, 롯데시네마, 뉴코아아울렛, 고려대학교 안산병원 등 생활편의시설이 갖추어져 있으며 중앙역을 중심으로 한 상업지역이 활성화되어 있어 향후 지속적인 가격상승이 예상되는 아파트 단지이다.

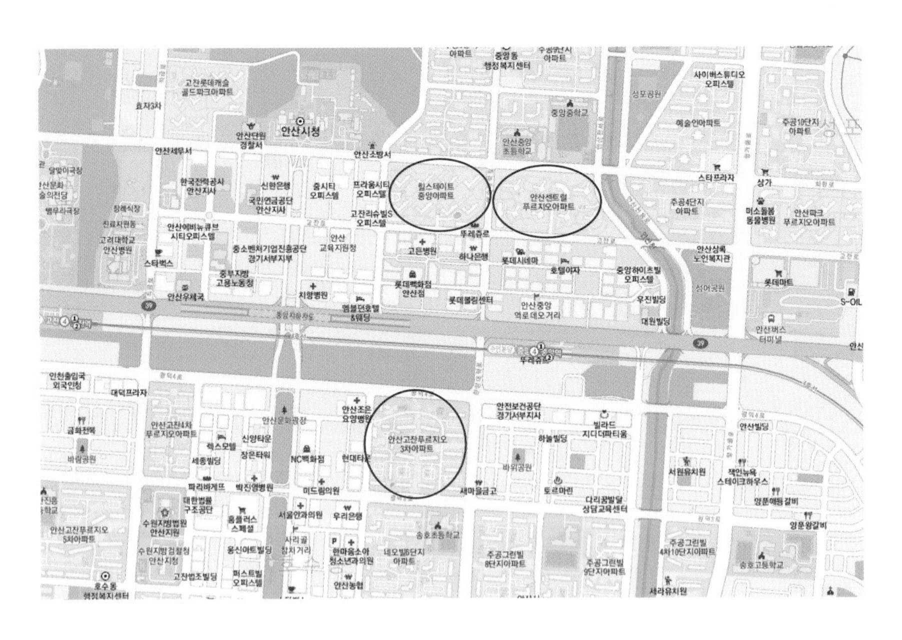

1호선, 신안산선 석수역으로 더블 역세권

1호선(경부선) 석수역의 대표적인 역세권 아파트 단지인 '안양석수두산위브'는 총 742가구로 공급면적 80~157㎡, '안양석수역푸르지오'는 542가구에 공급면적 83~108㎡로 구성되어 있으며 석수역에서 200m 거리에 있어 도보로 2분 이내 역세권 아파트로 꼽을 수 있다.

현재 지하철 1호선 경부선 석수역을 이용할 수 있으며 향후 신안산선 석수역을 추가로 이용할 수 있는 더블 역세권으로 추가적인 가격 상승이 예상되는 아파트 단지이다.

인근에 안양천이 흐르고 있어 쾌적하고 자연친화적인 생활이 가능하고 강남순환도시고속도로 금천IC를 이용하여 외곽으로의 진출입이 용이하며 차량으로 서울이나 수도권으로의 접근성이 우수한 아파트 단지이다.

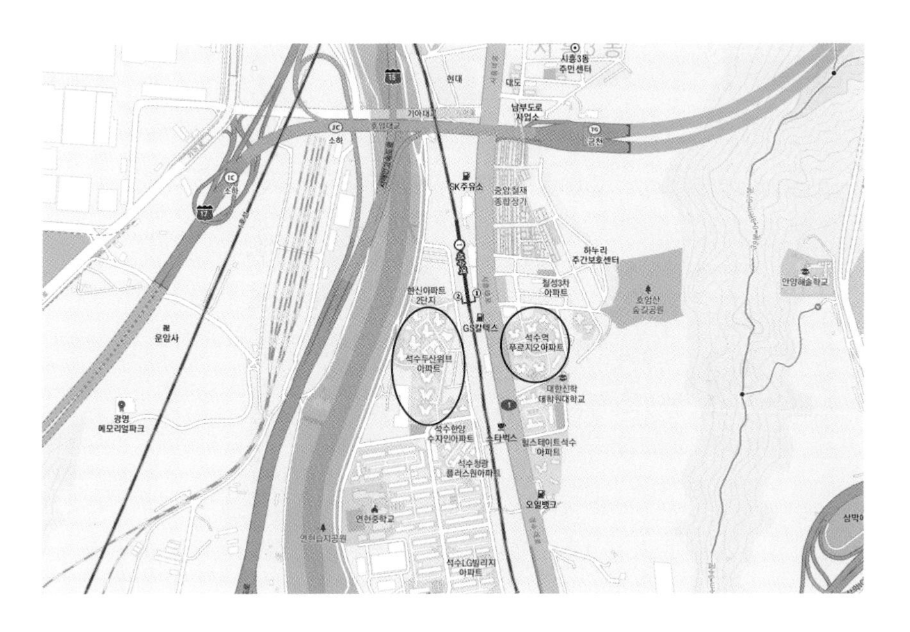

수도권광역급행철도 (GTX) 주변은 최고의 투자처

수도권광역급행철도(GTX)는 지하 40m 이상 대심도에 철도를 건설하고 주요 거점인 서울역, 삼성역, 청량리역을 직선 노선으로 연결함으로써 한 시간에 최고 200km를 달릴 수 있는 초고속 철도다. 2025년까지 수도권의 교통혼잡을 해소하기 위해 기존 철도의 급행화와 함께 수도권 외곽지역과 서울 도심의 주요거점을 20분대로 연결하는 것을 목표로 추진하고 있다.

총 거리 211km로 현재 파주운정신도시에서 동탄까지의 A노선(83km)과 인천송도신도시에서 마석까지의 B노선(80km), 의정부에서 금정까지의 C노선(48km)으로 계획되어 있다.

GTX 노선	진행상황	개통시기(예정)
GTX-A	2019년 6월 전 구간 착공 예정	2024년 개통 예정
GTX-B	2017년 예비타당성 조사 착수	2025년 개통 예정
GTX-C	2017년 예비타당성 조사 완료	2024년 개통 예정

이 중 GTX-B노선은 전체 3개 노선 중 가장 사업성이 낮은 것으로 나타나 사업성을 맞추기 위해 노선을 지속적으로 변경해 왔으며, 인천 송도에서 남양주 마석까지 노선으로 기획재정부 예비타당성 조사 대상사업에 2017년 8월 11일에 선정되었다.

수도권을 한 시간 이내로 이동 가능

또한 GTX 3개의 노선 중 GTX-A노선만이 민간투자사업 지정 및 시설사업 기본계획안이 민간투자사업심의위원회(민투심)를 통과하여 최초로 본격적인 사업이 추진되고 있다. GTX-A노선은 운정~삼성 구간과 삼성~동탄 구간으로 구분되는데, 이 중 동탄 구간은 재정사업으로 이미 2017년 3월 착공에 들어갔고 운정~삼성 구간은 2019년 6월에 착공하였다.

GTX-A노선이 개통된다면 통근시간이 최대 80% 이상 단축될 것으로 기대되는데, 동탄~삼성 구간의 출퇴근 시간이 현재 77분에서 GTX-A노선을 이용할 경우 19분, 일산~서울역이 현재 52분에서 14분으로 단축될 것으로 예상된다.

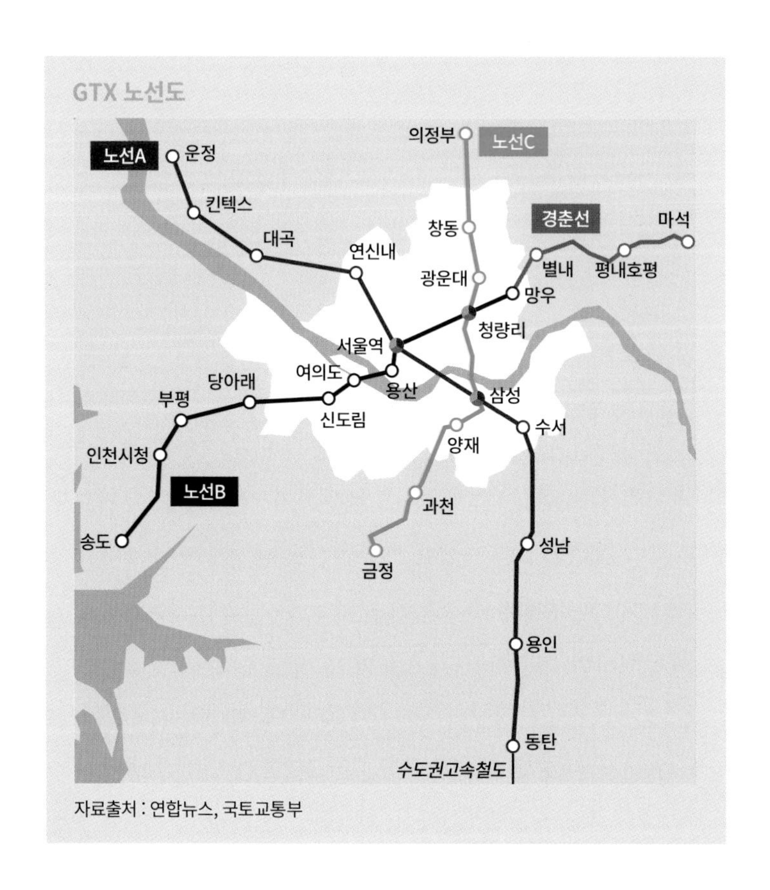

GTX 노선도

자료출처 : 연합뉴스, 국토교통부

GTX-A노선의 시작은 운정역에서

GTX-A 운정역사는 삽다리IC 북쪽 운정신도시 상업지역 인근에 들어선다. 이에 2018년 6월 입주인 '운정신도시센트럴푸르지오'가 관심의 대상이다. '운정신도시센트럴푸르지오'는 총 1,956가구로 공급면적 100~114m²의 면적으로 구성되어 있으며 운정신도시 중심상업지역의 생활편리성을 누릴 수 있는 아파트 단지이다. 또한 GTX-A노선의 개통과 인근에 지속적인 아파트 단지 분양 및 입주로 인해 동반 가격상승이 예상되는 곳이기도 하다.

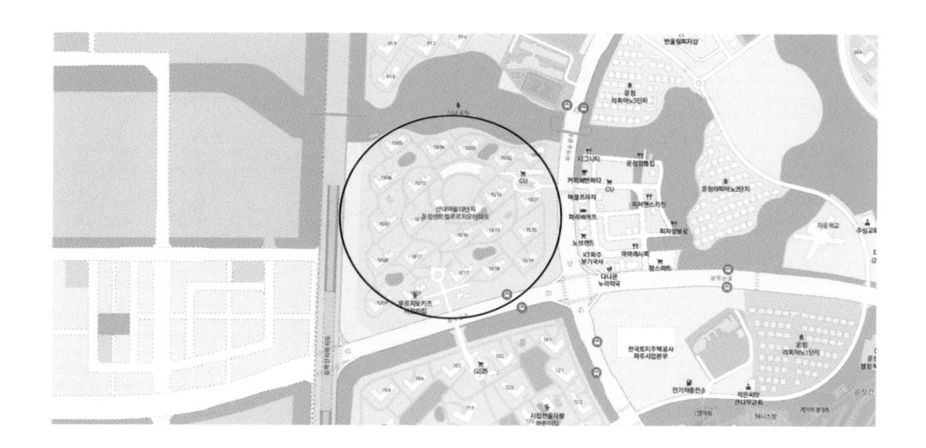

GTX킨텍스역은 킨텍스로 가는 가장 빠른 방법

GTX-A 킨텍스역사가 킨텍스사거리 인근에 들어설 예정으로 2019년 2월 입주 아파트인 '킨텍스꿈에그린'이 관심의 대상이다. '킨텍스꿈에그린'은 총 1,100가구로 공급면적 116~214㎡의 면적으로 다양하게 구성되어 있으며 반경 300m 이내에 현대백화점, 빅마켓, 마트 등 다양한 쇼핑공간이 있어 생활의 편리성을 누릴 수 있다. 또한 인근에 전시공간인 킨텍스와 위락시설인 원마운트가 위치하고 있어 다양한 문화생활을 영위할 수 있는 아파트 단지이기도 하다.

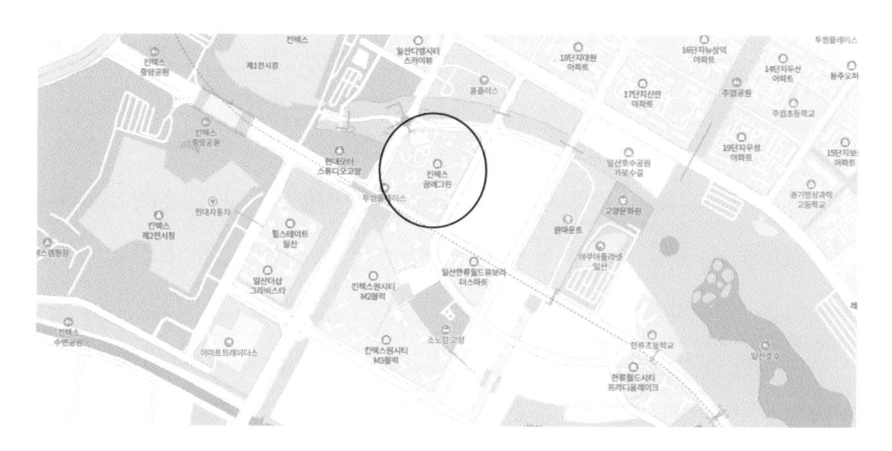

GTX, 3호선, 경의중앙선 대곡역은 트리플 역세권

대곡역은 현재 지하철 3호선과 경의중앙선의 환승역으로 이용되고 있으며 소사대곡선이 공사 중에 있고 향후 GTX-A노선이 개통되면 4개의 철도노선이 환승되는 지역으로 경기 북부지역의 철도 관문으로서 큰 역할을 할 것으로 예상된다.

'고양e편한세상대림2차'는 총 640가구이며 공급면적 83~106㎡로 구성되어 있다. 가구수는 많지 않으나 대곡역과 600m 거리에 있어 도보로 10분 이내에 여러 노선의 철도를 이용할 수 있는 아파트 단지이다.

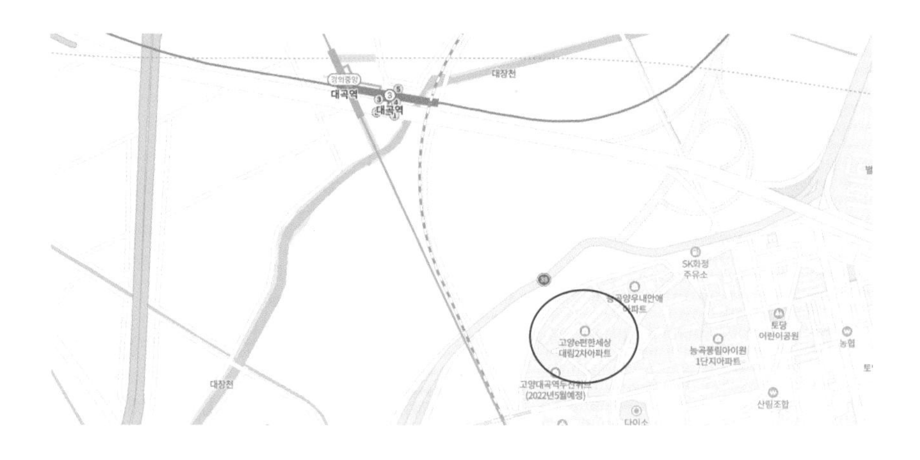

3, 6호선으로 이미 교통의 요충지인 연신내역

연신내역은 상업밀집지역에 위치하고 있으며 현재 지하철 3호선과 6호선의 환승역으로 이용되고 있어 향후 GTX-A노선이 개통되면 3개의 철도노선이 환승되는 지역으로 교통여건이 지속적으로 발달해 상업지역이 더욱 활성화할 것으로 기대된다.

'북한산힐스테이트7차'는 총 882가구이며 공급면적 80~168㎡로 다양하게 구성되어 있고 연신내역과 400m 떨어져 있어 도보 7분 거리로 여러 노선의 철도를 이용할 수 있는 아파트 단지이다. 또한 반경 200m 안에 은혜초와 동명여고가 소재하고 있어 교육여건이 양호하다.

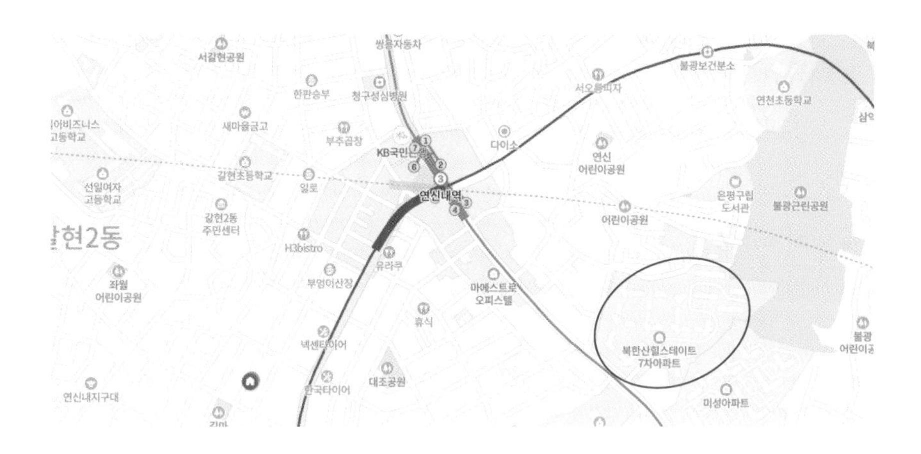

5개의 철도가 지나가는 과연 서울의 중심부, 서울역

서울역은 수도 서울의 중심으로 현재 1호선과 4호선, KTX의 환승역으로 이용되고 있다. 향후 GTX-A노선과 GTX-B노선이 연결되면 총 5개의 철도노선이 환승되는 지역으로서 서울의 중심부의 철도 요충지 역할이 더욱 커질 것으로 예상된다.

'서울역센트럴자이'는 총 1,341가구로 공급면적 84~131m²로 다양하게 구성되어 있으며 서울역과는 500m 거리에 있어 도보로 약 8분 이내에 전철을 이용할 수 있는 역세권 아파트이다. 또한 반경 200m 이내에 봉래초, 환일중, 환일고가 소재하고 있어 교육여건이 우수한 아파트단지이다.

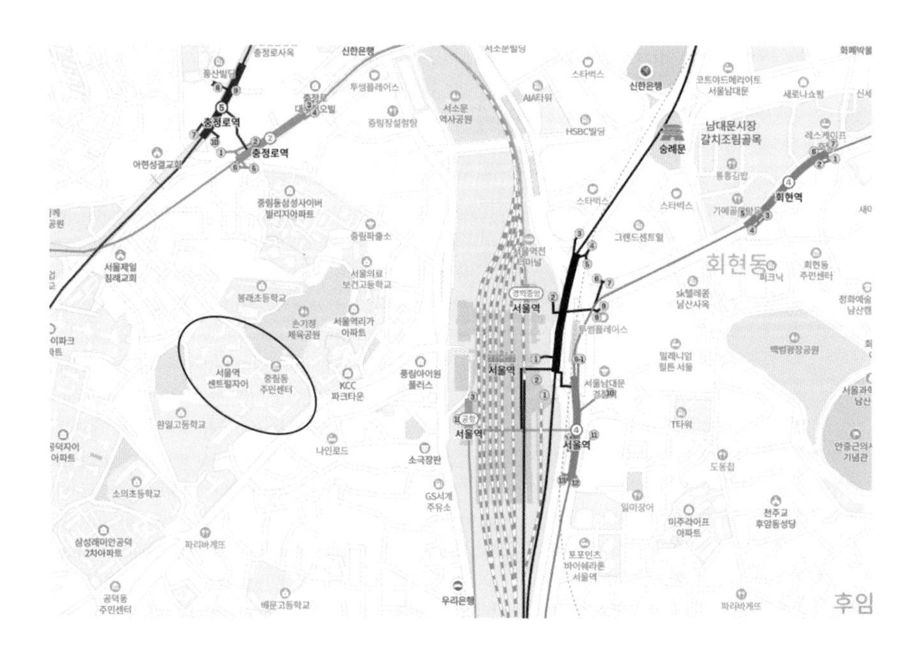

강남지역 교통의 관문, 수서역

수서역은 현재 지하철 3호선, 분당선, SRT의 환승역으로 이용되고 있으며 향후 GTX-A노선이 개통되면 4개의 철도노선이 환승되는 서울 강남지역의 철도의 관문이 될 것으로 예상된다.

'수서삼익'은 총 645가구로 가구수는 많지 않으나 수서역과 100m 거리로 도보로 5분 이내에 여러 노선의 철도를 이용할 수 있는 철도 접근성이 매우 우수한 역세권 아파트 단지이다. 또한 반경 200m 안에 수서초, 수서중, 세종고가 밀집되어 있어 교육여건이 우수하며 공급면적은 68~114㎡로 다양하게 구성되어 있다.

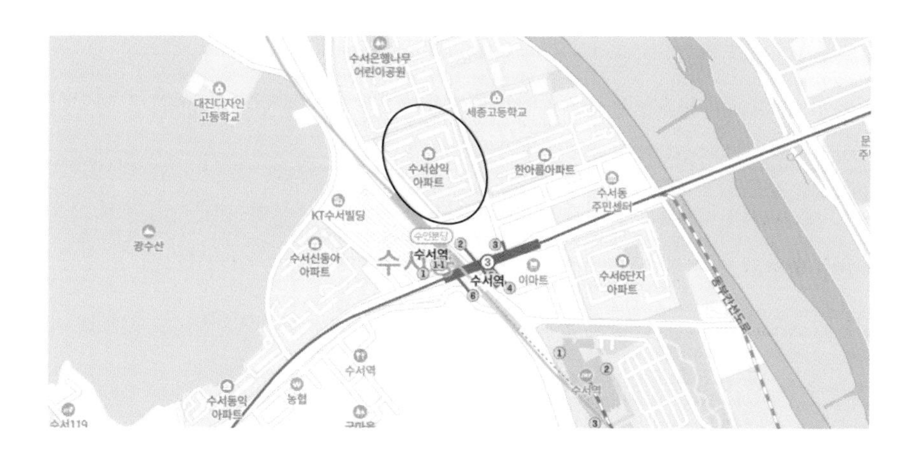

GTX성남역은 신분당선과 경강선 그리고 분당선 사이에

GTX-A 성남역사가 신분당선과 경강선의 환승역인 판교역과 분당선과 경강선의 환승역인 이매역 중간에 들어설 예정이다. '봇들마을9단지'는 총 850가구로 공급면적 127~226㎡의 면적으로 다양하게 구성되어 있으며 판교역과는 500m, 이매역과는 700m 거리에 있어 도보로 약 10분 이내에 전철을 이용할 수 있는 역세권 아파트이다. 또한 단지 내에 보평초가 소재하고 있으며 인근에 나들이공원과 탄천이 있어 쾌적한 주거환경을 갖추고 있다.

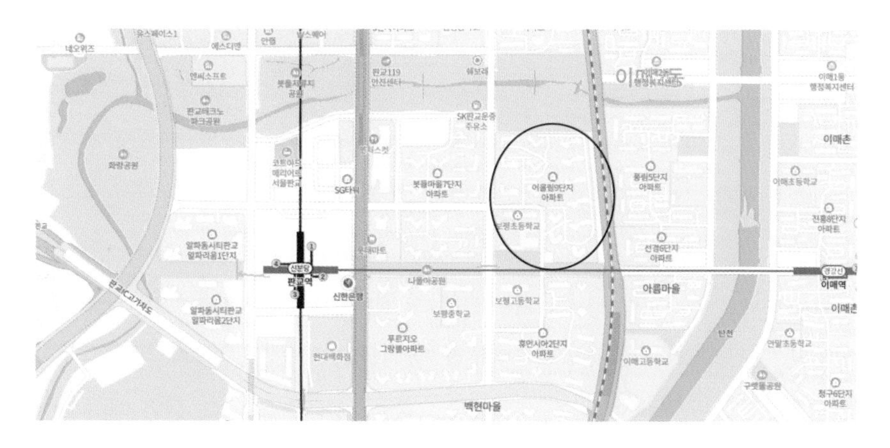

용인에도 GTX가 들어선다

GTX-A 용인역사가 분당선 구성역 서쪽에 들어설 예정이다. 용인시 연원마을 중 대표적 아파트 단지인 '구성삼성래미안1차'는 총 1,282가구로 공급면적 122~218m²의 면적으로 다양하게 구성되어 있으며 구성역과는 300m 거리에 있어 도보로 약 5분 이내에 전철을 이용할 수 있는 역세권 아파트이다. 또한 단지 인근에 마성초, 구성중, 구성고가 소재하고 있어 교육여건이 우수하고 마북근린공원이 접하고 있어 쾌적한 주거환경을 갖추고 있다.

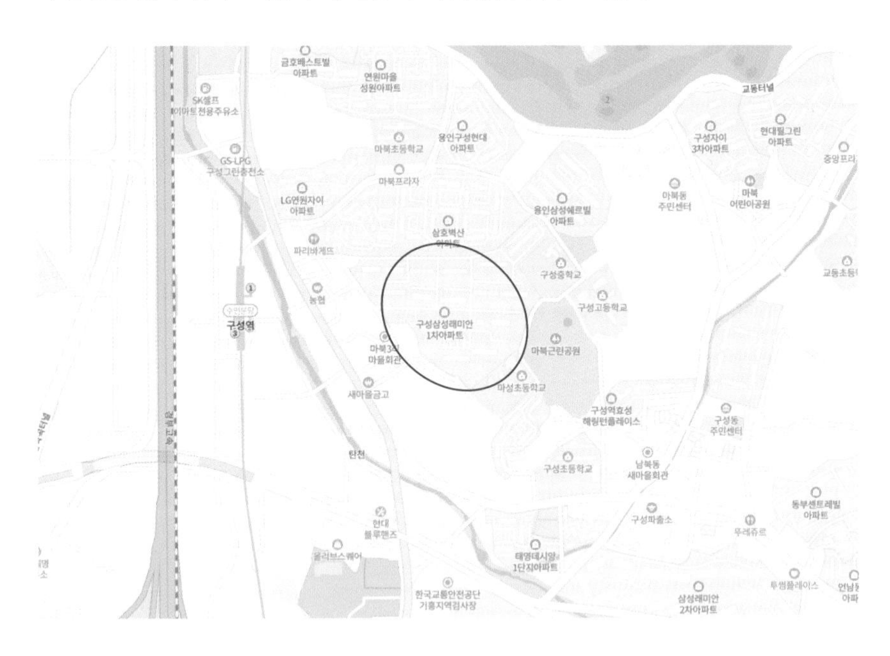

GTX동탄역으로 서울로의 출퇴근이 더 좋아진다

동탄역은 현재 지하철 SRT가 운행 중에 있으나 일반 전철에 비해 교통비가 상당히 비싼 편으로 정기적으로 서울로 출퇴근을 하는 직장인의 경우 경제적으로 부담이 될 수밖에 없는 실정이다. 그러나 향후 GTX-A노선이 개통된다면 다소나마 서울로의 접근성과 경제적인 측면에서 교통여건이 개선될 것으로 기대된다.

'동탄역더샵센트럴시티'는 총 874가구로 가구수는 많지 않으나 동탄역과 300m 떨어져 있어 도보로 7분 거리에 위치하고 있으며 공급면적 113~166㎡로 다양하게 구성되어 있다. 또한 반경 200m 안에 화성청계초, 청계중이 소재하고 있어 교육여건이 양호한 아파트 단지이다.

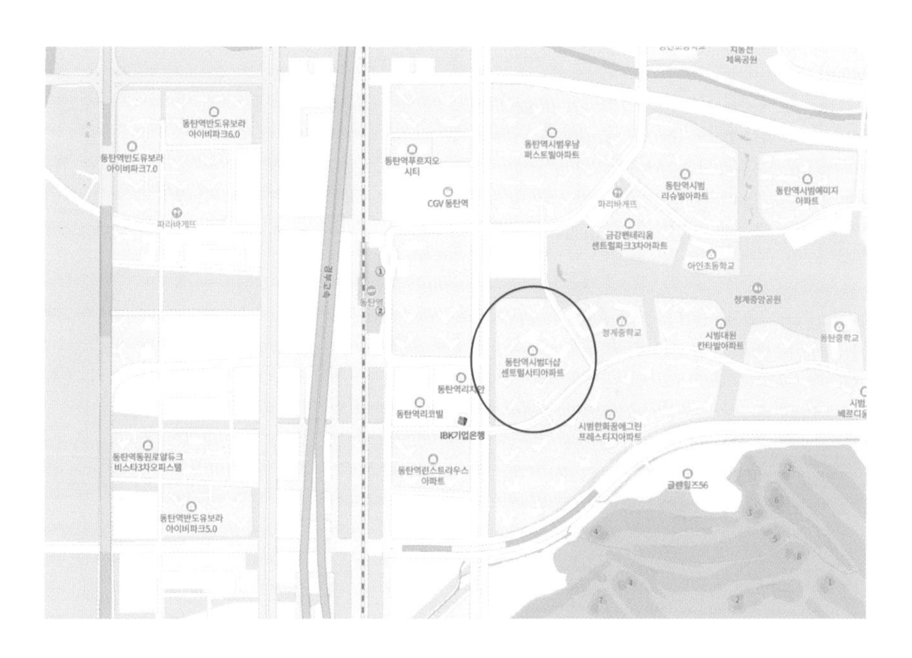

한 번에 GTX-B청량리역, GTX-C청량리역 두 개가!

청량리역은 현재 지하철 1호선, 경의중앙선의 환승역으로 이용되고 있으나 향후 GTX-B노선과 GTX-C노선의 환승역으로도 계획되어 있어 4개의 철도노선이 환승되는 교통의 중심지로 큰 관심을 받고 있는 지역이다.

'래미안크레시티'는 총 2,397가구의 중대형 아파트 단지로 공급면적

84~154㎡로 다양하게 구성되어 있고 청량리역과 400m 거리에 있으며 도보로 약 7분이 소요되어 여러 노선의 철도를 이용할 수 있는 철도 접근성이 매우 우수한 아파트 단지이다.

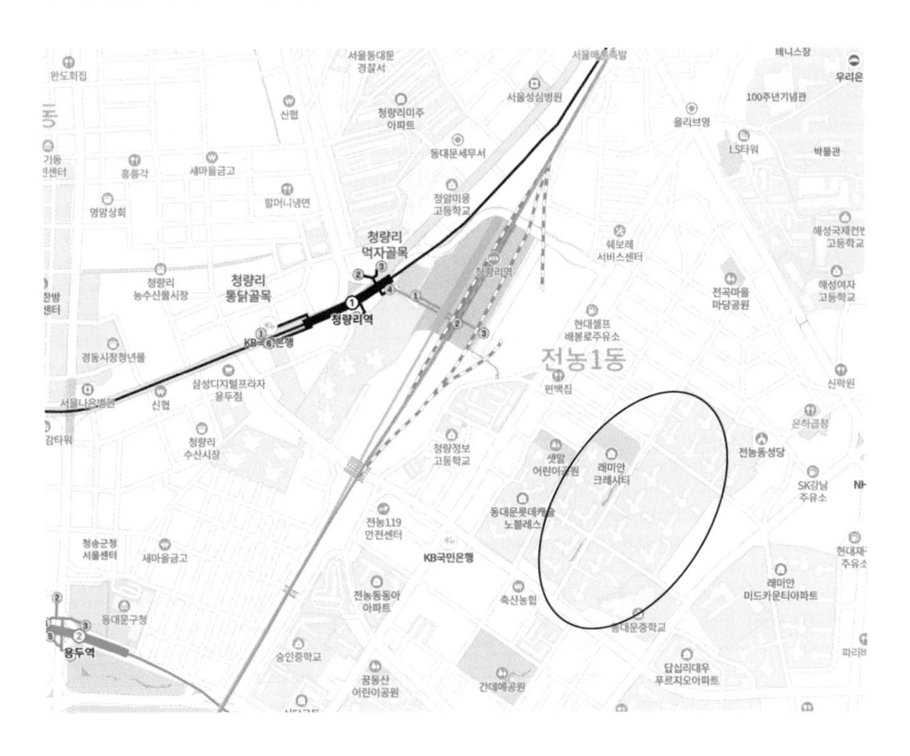

서울 남부 교통의 중심을 책임질 GTX신도림역

신도림역은 현재 지하철 1호선과 2호선의 환승역으로 이용되고 있으며 향후 GTX-B노선과도 연결되어 서울남부 교통의 중심지로 각광받는 지역이다.

'신도림태영데시앙'은 총 1,252가구의 아파트 단지로 공급면적 81~205㎡로 다양하게 구성되어 있고 신도림역과 300m 거리에 도보로 약 5분이 소요되며 단지에 미래초가 소재하고 있다. 또한 인근에 이마트와 테크노마트 등 생활편의시설이 밀집되어 있어 편리성과 접근성을 두루 갖춘 아파트 단지이다.

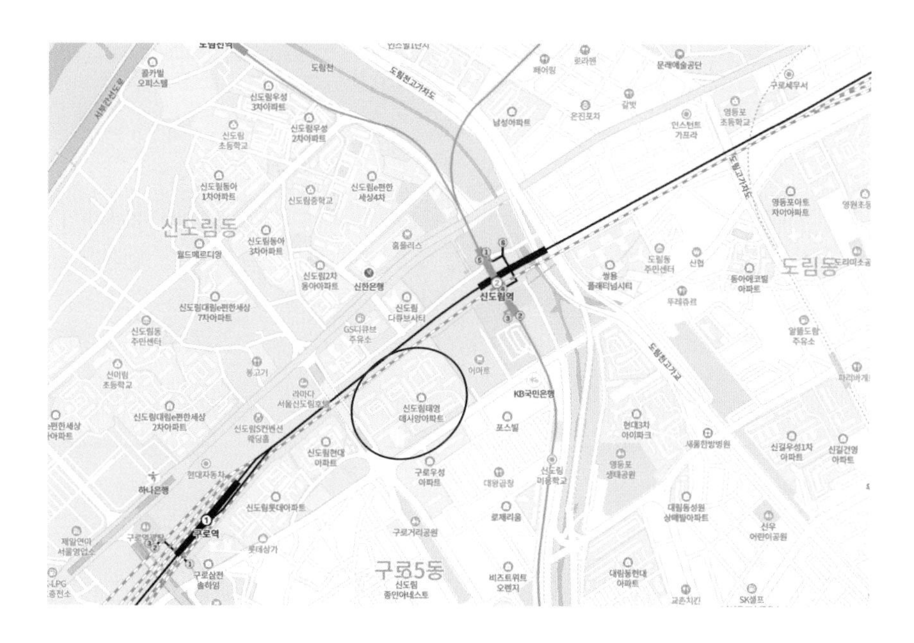

서울 북동쪽 교통의 요충지 GTX노원역

창동역은 현재 1호선과 4호선의 환승역으로 이용되고 있고 향후 GTX-C노선이 개통되면 총 3개의 철도노선이 환승되는 지역이다.

'동아청솔'은 총 1,981가구로 공급면적 80~164m²의 면적으로 다양하게 구성되어 있으며 창동역과는 300m 거리에 있어 도보로 약 5분 이내에 전철을 이용할 수 있는 역세권 아파트이다. 또한 반경 200m 이내에 지운초, 지운고가 소재하고 있어 교육여건이 양호하고 인근에 시립창동운동장, 창동문화체육센터, 생활체육테니스장과 배드민턴장이 위치하는 등 편의시설을 두루 갖춘 아파트단지이다.

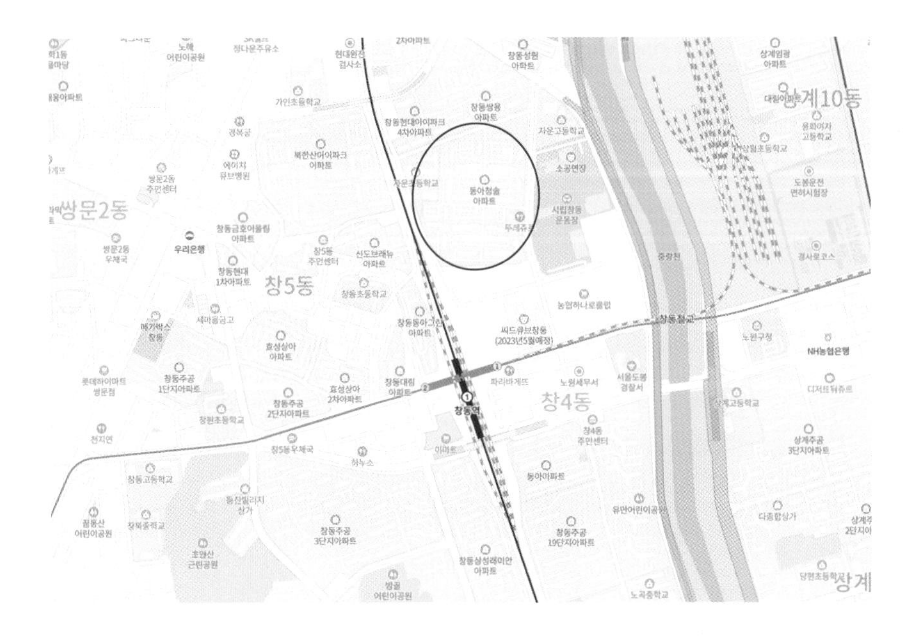

경춘선에 GTX까지 더해져 여행 출발지로 좋은 광운대역

광운대역은 현재 1호선과 경춘선의 환승역으로 이용되고 있고 향후 GTX-C 노선이 개통되면 총 3개의 철도노선이 환승되는 지역이다.

'월계동아이파크'는 총 1,281가구로 공급면적 85~143㎡의 면적으로 다양하게 구성되어 있으며 광운대역과는 400m 거리에 있어 도보로 약 7분 이내에 전철을 이용할 수 있는 역세권 아파트이다. 또한 반경 300m 이내에 광운대와 선곡초가 위치하고 있는 아파트 단지이다.

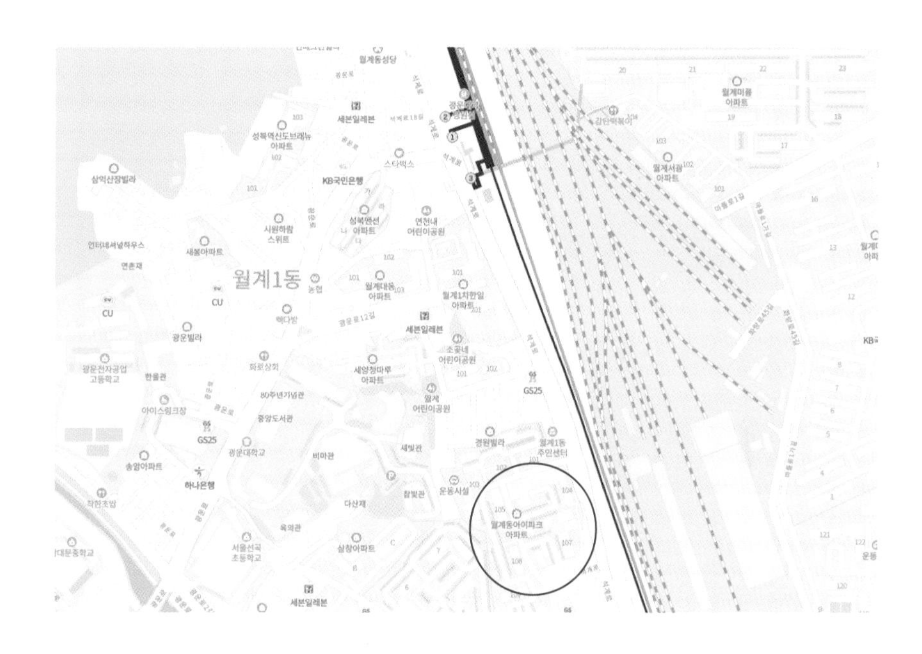

꽤 가까운 거리에 양재역, 주변에 훌륭한 교육환경

양재역은 현재 3호선과 신분당선의 환승역으로 이용되고 있고 향후 GTX-C 노선이 개통되면 총 3개의 철도노선이 환승되는 지역이다.

'역삼럭키'는 총 1,094가구로 공급면적 112~145㎡으로 다양하게 구성되어 있으며 양재역과는 700m 거리에 있어 다소 거리가 멀지만 도보로 약 11분 이내에 전철을 이용할 수 있는 아파트이다. 또한 반경 300m 이내에 언주초, 은성중, 은광여고가 밀집되어 있어 교육여건이 우수한 아파트 단지이다.

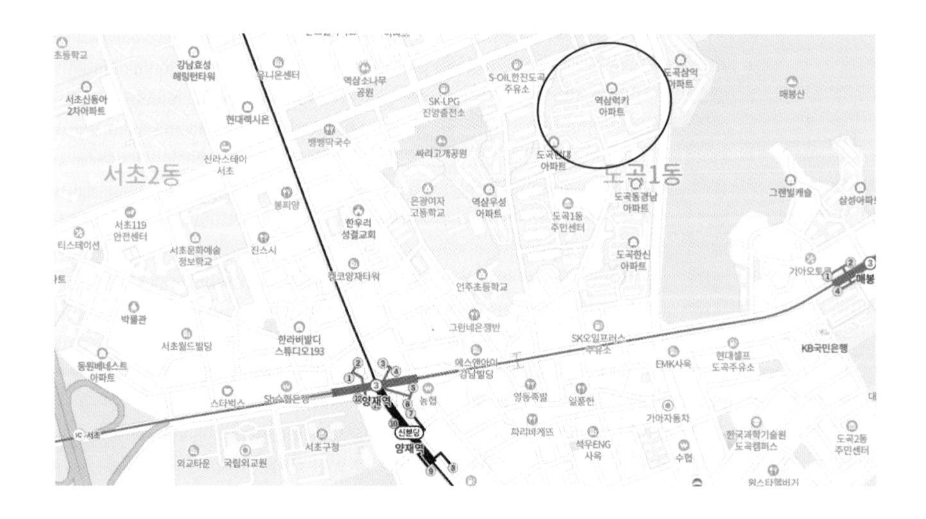

재건축과 GTX과천역의 콜라보

과천역은 현재 4호선 아파트 밀집지역 중심에 위치해 있고 재건축이 진행되고 있어 향후 GTX-C노선이 개통되어 강남지역으로의 접근성이 개선되고 재건축이 완료되면 과천지역은 다시 한 번 조명 받을 것으로 예상된다.

'과천주공8단지'는 총 1,400구로 공급면적 89~101m²의 면적으로 구성되어 있으며 과천역과는 200m 거리에 있어 도보로 약 3분 이내에 전철을 이용할 수 있는 아파트이다. 또한 단지 내에 관문초가 소재하고 있고 300m 거리에 과천고가 위치하고 있다.

3개의 철도로 안양시의 교통 중심이 될 금정역

금정역은 현재 1호선과 4호선의 환승역으로 이용되고 있고 향후 GTX-C노선이 개통되면 총 3개의 철도노선이 환승되는 지역이다.

'산본매화주공14단지'는 총 1,847가구로 공급면적 68~70㎡의 면적으로 구성되어 있으며 금정역과는 500m 거리에 있어 도보로 약 8분 이내에 전철을 이용할 수 있는 아파트이다. 또한 단지 내에 관모초가 위치하고 있다.

PART 5

학군 따라 아파트 가격이 오른다

교육 환경에 투자하는 학군 지도

교육 환경이 좋은 곳에는 알짜 아파트가 있다

자녀를 키우는 부모의 입장에서 자녀가 좋은 교육환경에서 공부를 하기를 원치 않는 사람은 없을 것이다. 요즘처럼 더욱더 입학제도가 다양해지고 학교 간의 격차가 벌어지는 대한민국에서 자녀를 키우는 부모라면 말이다.

좋은 교육환경으로의 이동을 위하여 맹자의 어머니가 3번이나 이사를 했다는 유래에서 탄생한 '맹모삼천지교'라는 고사성어를 대한민국에서 현대적으로 다시 해석을 한다면 명문대 입학을 위하여 초등학교 입학 때부터 '학군 프리미엄'이 있는 곳으로 이사하는 것을 말할 것이다. 그런데 이러한 맹모들이 같이 움직이는데 비해 좋은 공간은 한정적이다 보니, 집중화 현상에 의해서 부동산 가격에 많은 영향을 미치고 있다. 그런데 많은 사람들이 마치 한국에서만 나타나는 특이한 현상이라고 말들을 하고 있지만, 이러한 현상은 한국에서만 일어나는 현상이 아니다. 호주, 미국, 중국 등 많은 국가에서 명문학군지역은 프리미엄으로 인해 기타지역보다 평균 20% 이상 높게 부동산 가격이 형성되어 있다. 이른바 학세권이라 불리우는 학군 프리미엄은 부동산 가격 형성과 유지에 중요한 요소이기 때문이다.

이렇듯 학군이 부동산 가격 형성에 중요한 역할을 담당하는 현재 대한민국의 현실에서, 전반적인 부동산 가격 형성에 영향을 미치는 중요한 정책이 예고되어 있다. 바로 2019년부터 자율형 사립고, 국제고, 외국어고로 불리우는 명문고 3인방의 우선선발권 폐지이다. 이러한 우선선발권의 폐지는 사회전반에 큰 영향을 미칠 것으로 예상되는데, 특히 부동산 가격 측면에서는 이른바 '8학군'이라 불리웠던 지역의 부활과 지역명문학교 입학을 위한 전입 및 동일지역내 차별적 부동산 가격 상승이라는 결과가 나타날 것으로 예상된다.

강남 부동산을 뒤흔들었던 전설의 8학군

많은 사람들이 알고 있지만 정확한 의미를 아는 사람 또한 드문 '8학군'이라는 용어는 서울시 개발계획 정책의 변화의 산물이다. 1970년대 한강이남지역을 개발하면서 강북에 살던 사람들을 한강이남으로 자발적으로 이주시키고자 하였으며, 가장 쉽게 생각해낸 정책 아이디어가 바로 강북의 명문학교를 강남으로 이전시키는 것이었다. 명문고에 보내려던 학부모들이 강남으로 주거지를 이전해 나가기 시작하였고, 강북의 부유한 층이 교육을 위해 강남에 터를 잡기 시작하면서 지금의 강남이 부유한 이미지를 가지게 된 것이다.

구체적으로 살펴보면 '8학군'의 탄생은 1970년 후반 명문고교라 불리었던 휘문고, 경기고, 서울고 등이 강북에서 강남으로 이전을 하고, 이후 영동고, 상문고 등 강남의 명문고들이 서울대 합격자수 10위권을 차지하면서 더욱더 강세를 띠게 되었다. 이러던 것이 1980년 완전학군제 도입으로 인근지역으로

학교를 배정받게 되자, 학교주변으로 거주지를 옮기게 되었다. 이러한 움직임은 즉각적으로 부동산 가격의 상승을 불러오게 되었다.

경제정의실천시민연합이 서울 주요 지역의 아파트값 변화를 분석한 결과 강남 아파트값은 30년 만에 16배 상승한 것으로 조사되었는데, 3.3㎡당 285만 원이었던 것이 16배인 4,536만 원으로 올랐다.

고교 비평준화 시절에도 교육 환경에 따라 예를 들면 분당의 서현고, 일산의 백석고, 부천의 부천고 등이 있다. 비평준화 시절에도 학군 주변의 아파트가 그 지역내에서 가격상승률이 비교적 높다.

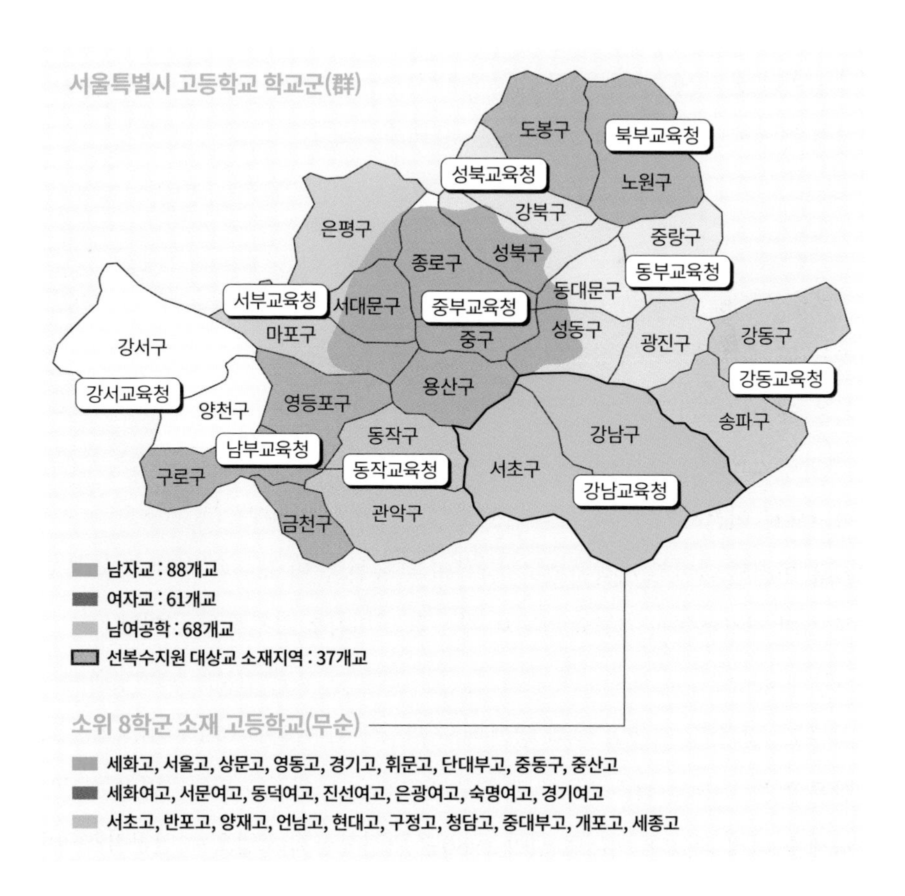

학군 따라 강남가는 부동산 시대는 옛말

2008년 도입된 고교 3단계 전형(일반 고교의 경우 1단계 단일학교군, 2단계 일반학교군, 3단계 통합학교군)이 10년 가까이 이어지면서 8학군이라는 개념은 사라졌지만 학군이 좋은 지역에 대한 수요는 여전하며, 이러한 현상은 앞으로도 변함없을 것이다.

부동산 학군에 따른 부동산 강세지역은 비단 서울에서만 일어나는 현상은 아니다. 부산 동래구 명륜동, 대구 수성구 범어동, 울산 남구 신정동, 경남 창원 용호동 등 전국에서 발생하는 현상이다. 이들 지역은 방학기간이나 학기초에는 전세수요 증가로 전셋값이 뛰는 공통점도 있다.

이러한 명문학군 주변 아파트는 학원을 포함한 다양한 교육시설들이 형성돼 있고 유해시설이 적어 자녀를 둔 수요층이 선호하고 있다. 이러한 지역적인 특성을 나타내고 있는 대표적인 곳을 구체적으로 살펴보기로 한다.

강남 집중화가 가속된다 대치동 학군과 주요 단지

대한민국 학원가의 1번지는 바로 서울시 강남구에 위치한 대치동이다. 대치동 학원가의 발달은 약 30년 전으로 거슬러 올라간다. 1987년 고등학교 재학생의 학원수강을 허용하면서부터 대치동에서 소형학원들이 생기게 되었고, 1998년 과외를 허락함에 따라 보습학원식의 학원타운이 형성되어 지금까지도 대형학원 위주가 아닌 소형 전문학원식의 학원이 주류를 이루게 되었다. 대치동은 메가스터디 등 인강에서 유명세를 떨치고 있는 강사의 직접강의를 들을 수 있는 곳이다 보니, 주말을 이용하여 전국 각지에서 수업을 듣고자 많은 학생과 학부모들이 모여든다.

대치동에 학원이 밀집하게 된 공간적 요인은 크게 4가지를 꼽을 수 있다. 첫 번째로 대표적 중산층 주거지역이다. 지하철 3호선 대치역에 내리면 출구 8개

중 ①래미안 대치팰리스 ②대치삼성 ③④은마 ⑤미도 ⑦선경 ⑧우성 등 무려 7개가 아파트로 표시돼 있다. ⑥번 출구 표시만 강남구민회관·강남구의회로 유일하게 아파트가 아니다. 서울의 대표적인 주거지역이라는 얘기다.

두 번째로 청소년 유해업소가 강남에서 가장 적은 지역이며, 세 번째로 편리한 교통으로 접근성이 뛰어나다. 마지막으로 대치동은 '선택의 폭'이 넓은 것이 장점으로 꼽힌다. 다양한 전문학원들이 포진해 있다. 그러하다 보니 더욱더 복잡해지는 대입입시 전략에 대한 정보교류가 가능하다. 이러한 점들이 대치동을 학원일번가로 자리잡게 한 요인으로 뽑힌다.

맹모는 대치동으로 모인다

그렇다면 대치동에서 유망한 단지는 어디를 꼽을 수 있을까? 대치동 학군에 속한 고등학교는 개포고, 경기고, 단대부고, 중대부고, 중동고, 중산고, 휘문고, 숙명여고, 진선여고, 은광여고, 경기여고 등 무려 11개이다. 비슷한 경제권인 압구정 학군에 3개, 반포 학군이 7개인 것을 보더라도 많은 고등학교가 위치해 있다는 것을 알 수 있다.

자녀가 여학생인 경우 초중고를 대도초, 중대부중, 숙명여고로 보낼 수 있는 단지 1순위는 도곡주공1단지를 재건축한 '도곡렉슬'(입주: 2006년 1월, 가구수: 3,002, 34개동, 25층, 지역난방)이다. 지상을 주차장 없이 공원으로 꾸민 것이 특징인 아파트이다.

2017년 고교입시 교육정책의 변화로 인하여 8학군으로 더욱 몰리는 추세가 되자, 정체에 머물던 84.92㎡의 평균 시세가 145,000천원으로 불과 한달 전에 비해서 9,000만 원이나 상승하였고, 현재는 17억 원 가까이 하고 있다.

그러나 일반 서민이 입성하기에는 가격이 너무 높은 것이 단점으로, 비교적 낮은 가격대인 '대치현대아파트'(입주: 1999년, 총가구수: 630, 8개동 24층, 지

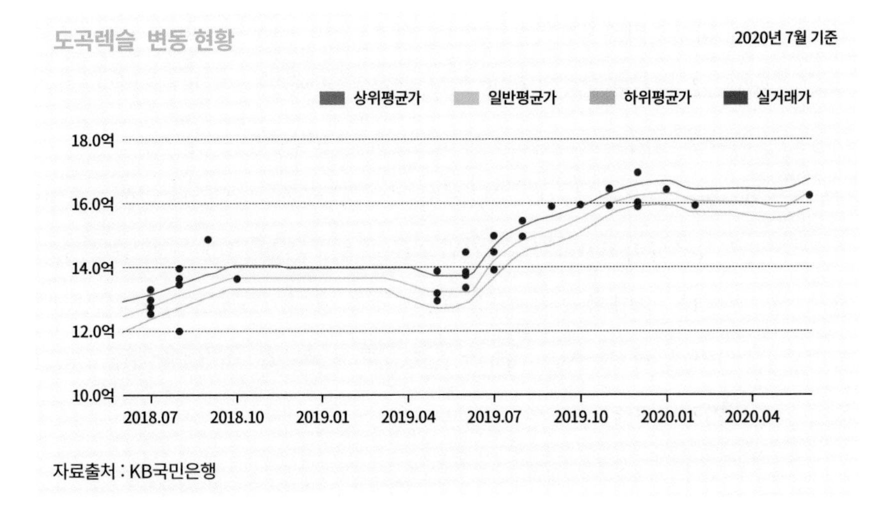

역난방)를 고려해 볼 수도 있다. 휘문중고를 보낼 수 있으며 2호선 삼성역, 3호선 대치역, 분당선 한티역을 이용할 수 있다는 장점을 가지고 있어 5년 동안 가격이 계속 상승 중인 단지이다. 사실 '대치현대아파트'는 그동안 투자 목적보다는 실거주 목적으로 구입하는 사람에게 더 관심받던 단지이나, 바로 앞에 위치한 대치2동 구마을의 재개발과 더불어 가격의 상승의 발전 가능성이 있는 단지이다.

서남권의 학원 집결지
목동 학군과 주요 단지

서남권을 대표하는 유일무이한 학군단지는 목동 학군임에 이의를 제기하는 사람은 없을 것이다. 강남 학군지역과 비슷하게 목동지역에서는 저녁 때 학생들이 가장 바삐 움직인다. 우스갯소리로 목동에 거주하는 필자의 친구는 아이들 얼굴을 주말 아침에나 겨우 보는 것이 당연하게 여겨진다면서, 어쩌다 퇴근 후에 집에서 아이 얼굴을 보면 반가움보다도 무슨 일로 학원을 안 갔는지 걱정부터 앞선다고 한다. 그만큼 교육열도 강하고 지역에서 차지하는 자부심도 강한 지역이다.

목동아파트 단지는 오목교역을 중심으로 나뉘게 된다. 오목교 북쪽에 위치한 목동 현대백화점과 SBS 본사가 위치해 있는 1~7단지, 양천구청이 위치한 8~14단지로 구분된다. 일반적으로 목동 학군으로 구분되는 지역은 1~7단지

아파트를 말한다. 행정구역상 목동 8단지 이상은 신정동에 속한다.

필자가 결혼했을 때 부모님이 목동에 거주하고 계셨는데, 와이프 친구들이 목동 시아버지를 두었다고 한턱 내라고 했다는 와이프의 농담 속에서도 목동이 대중들에게 보여지는 이미지가 어떤지 알 수 있다.

목동 학군은 대치동과 비슷한 분위기의 학원가가 밀집되어 있다. 저녁에 5단지 앞 학원가에 서 있으면 마치 등굣길처럼 많은 학생들이 학원으로 들어가는 모습을 쉽게 볼 수 있다.

목동 학군을 대표하는 학교는 월촌중, 목운중, 신목중, 목일중, 강서고, 양천고 등이 있다. 목동 내 중학교의 특성 중 하나는 학생수 밀도가 타지역에 비해서 상당히 높다는 것이다. 보통 학년 졸업생이 300명인 것에 비하면, 목동지역은 500명 이상으로 최고 과밀학급을 나타내고 있다.

강남 학군을 위협할 목동 학군

목동아파트 단지의 최대의 화두는 재건축연한이 다 되고 있다는 것이다. 가장 먼저 준공된 1단지아파트가 1985년에 준공되어 재건축연한인 30년을 지났고, 7단지의 경우도 1986년에 입주를 시작하여 2017년부터 목동신시가지 1~14단지 아파트가 모두 재건축조건을 충족하게 되었다. (1~7단지 목동, 8~14단지 신정동) 단지 전체 용적률이 132.6%로 16년 12월에 공개된 '목동지구단위 계획'에 의하면 현재 2만 6천가구에서 5만 3,375가구로 바뀌기로 계획되어 있다. 아직 초기 단계로 많은 수정이 될 것이라 하더라도 서남권을 대표하는 단지가 될 것임에는 틀림없는 사실이다.

이 중에서 관심을 가지고 지켜볼 단지는 목동 내에서 상대적으로 낮은 가격으로 접근이 가능한 목동 7단지를 꼽을 수 있다. 특히 7단지는 몰세권과 역세권의 장점도 같이 가지고 있다는 특징이 있다. 목동 신시가지7단지는 1986년

11월에 입주를 시작하여 총 2,550가구, 34개동, 15층, 지역난방으로 구성되어 있다.

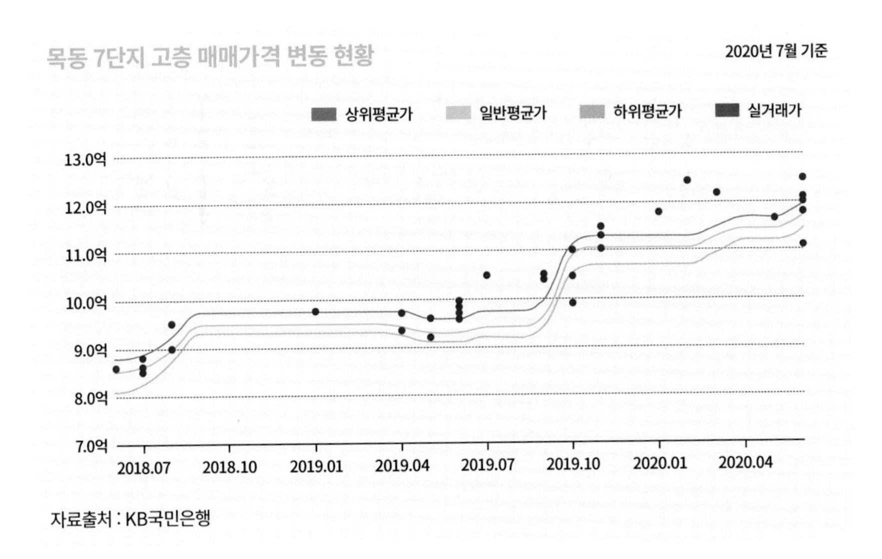

우수한 학교와 학원이 밀집한 중계동 학군과 주요 단지

서울지역 택지개발지구로 강서권의 목동과 더불어 강북권에서는 노원구의 상계동, 중계동, 하계동이 개발되었다. 이 중에서도 중계동은 대표적인 학군 우세지역으로, 학원가와 우수 일반고가 있어 더욱더 명성을 이어가고 있다. 강남의 개발과 더불어 우수학교를 이전했던 것과 마찬가지로 일반고의 최강자라고 하는 서라벌고가 1998년에 중계동으로 이전하였고, 청원고, 재현고 등 우수한 고등학교가 위치해 있다.

초등학교를 다니는 자녀를 둔 부모들이 가장 선호하는 초품아(초등학교를 품은 아파트)는 없지만, 중계동에서 불암초, 을지초 등이 좋은 초등학교로 꼽힌다. 그렇다 보니 특히 이 두 학교를 배정받고자 하는 수요가 언제나 있으며 매매가와 전세가도 강세를 띠고 있다.

불암초에 배정을 받으려면 중계라이프, 신동아, 청구, 동진, 신안동진, 현대, 삼성, 주공6단지 등에 거주하고 있어야 하며, 을지초 입학배정단지는 을지학군이라는 명칭으로 불리우는 양지대림1차, 신안, 성원, 청구3차, 건영3차, 중계주공10단지, 건영3차, 롯데우성, 중계주공8단지 등이다.

서대문구를 넘어 강북 교육의 중심지, 중계동

중계동은 대치동과 더불어 대표적인 학원지역으로, 은행사거리 주변에 학원가들이 포진해 있다. 입시보습학원 수만 약 240개가 있는데 이는 동대문구의 전체 학원수와 거의 같은 수로, 얼마나 많은 학원들이 밀집되어 있는지 알 수 있다. 강북의 8학군으로 불리우는 이 지역에 위치한 주요 아파트는 다음의 표와 같다.

단지명	가구수	전용면적(M2)	평균매매가(천원)
건영3차	948	84	965,000
청구3차	780	84	980,000

자료출처 : KB국민은행

현재 중계동의 이러한 학군 열기에 힘입어, 중계동 우수 학군 아파트는 주변 단지에 비해 가격 하락 위험이 적고 전세가비율 또한 높게 형성되어 있다. 특히 장기적으로 볼 때에 중계동은 목동처럼 재건축이라는 화두가 다가올 것으로 여겨진다. 이러한 요소를 볼 때에는 단지가 크고 저층으로 구성되어 있는 단지에 관심을 가지는 것이 좋다.

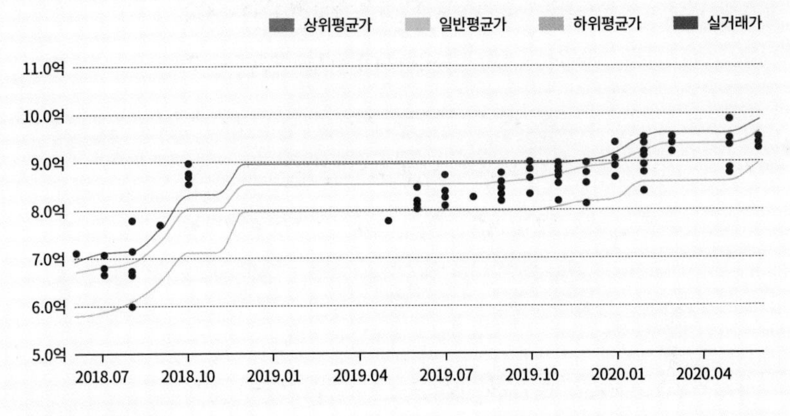
건영3차 84m² 매매가격 변동 현황
2020년 7월 기준
상위평균가
일반평균가
하위평균가
실거래가
11.0억
10.0억
9.0억
8.0억
7.0억
6.0억
5.0억
2018.07
2018.10
2019.01
2019.04
2019.07
2019.10
2020.01
2020.04
자료출처 : KB국민은행

송도 국제업무단지에 주목하라
송도 학군과 주요 단지

인천지역에 거주하던 친구는 송도지역만 들어서면 천지개벽했다는 말을 자주 하곤 한다. 계획도시인 송도지역은 인근의 지역과 더욱더 비교가 되기 때문이다. 인천 송도는 이제 학원수를 비교하면 서울 노원구 중계동과 어깨를 나란히 하고 있다. 입주 10년 만에 학원수 240여 개가 들어서며 수도권 '명문 학원가'로 자리를 잡아가는 형국이다. 비슷한 시기에 개발이 시작된 수도권 대표 2기 신도시 판교와 광교 내 학원수가 각각 122개, 103개인 것을 보면 약 두 배 차이가 난다. 서울 대치동(791개), 목동(562개) 등 명문 학원가로 알려진 지역보다는 아직 부족하지만 송도의 경우 입주가 10년밖에 되지 않은 상황에서 추가적인 인구 유입이 기대된다. 실제 송도국제도시의 계획가구 10만 4,000여 가구 가운데 현재 50% 수준인 4만 9,870여 가구가 공급됐고 계획인구 26만 여 명의 45%인 11만 7,612명만 거주하고 있는 상태다.

형성된 학군 역시 점점 더 명문학군으로 인정받고 있다. 교육부 정보공시 사이트 '학교알리미'가 2017년 2월 졸업자 대상으로 조사한 특수목적고(과학고·외고국제고·예고·체고·마이스터고 등) 진학률을 살펴보면 송도 해송중은 7.5%, 신송중은 6.9%의 특목고 진학률을 보였다. 이는 기존 명문 학군인 강남 대청중(6%), 목동 목운중(6.2%), 분당 서현중(4.8%), 평촌 범계중(7.4%)과 비슷한 수준이다.

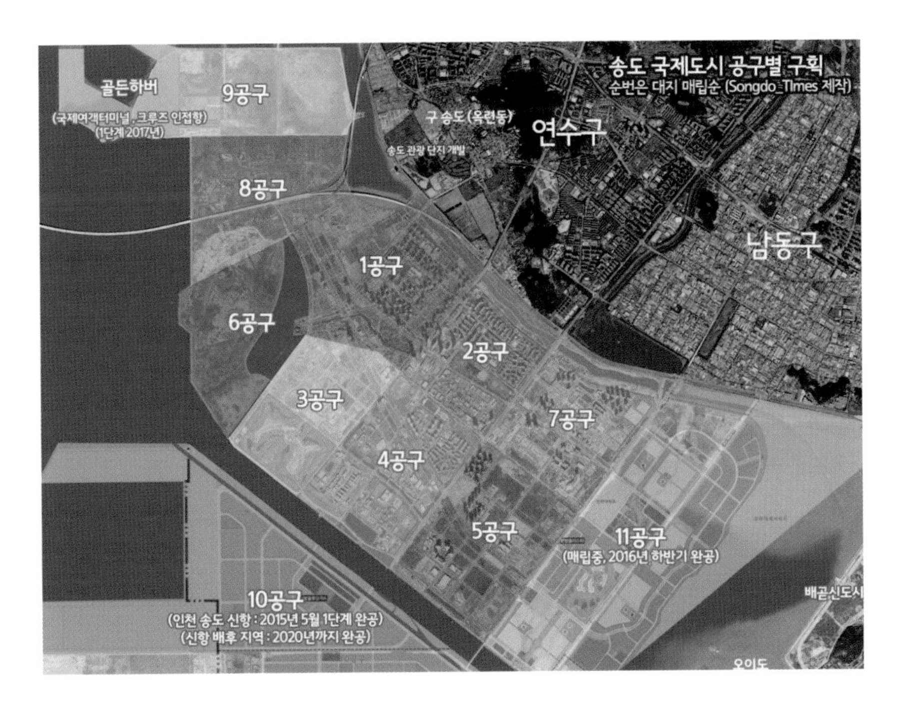

송도에서 가장 우수한 학군 지역으로 꼽히며 송도8학군이라 불리는 지역은 송도1공구인 국제업무단지지역이다.

1공구는 2010년부터 입주가 시작되어 2016년도 기준 총 1만 2,300가구가 입주해 있다. 아직 기간이 짧아 명문중학교로 불리울 수 있는 학교가 많지 않지만, 송도중이 앞서가는 학교로 꼽힌다. 초등학교는 채드윅송도국제학교의 영향으로 영어유치원, 영어학원의 만족도가 높은 상황이다. 이러한 1공구중에서 가장 인기가 높은 단지는 '센트럴파크푸르지오'이다.

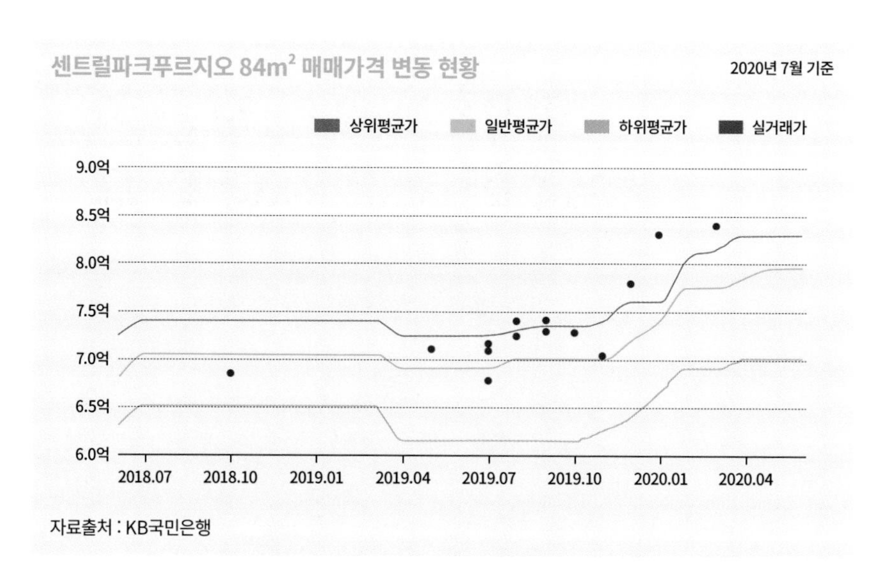

학업 열기가 후끈한
분당 학군과 주요 단지

분당 하면 회자되었던 많은 말들 중에 사람들이 기억하는 가장 유명한 말은 바로 '천당아래 분당'일 것이다. 그만큼 대한민국에서 주민만족도, 입지, 교통, 학군 등 모든 것을 갖추고 있는 곳이 바로 분당이다. 이러다 보니 많은 중산층이 모이게 되었고, 경제력을 갖춘 중산층 제일의 관심사인 교육에 많은 투자가 이어지게 되었다. 분당 학군의 주요한 특징 중 하나는 바로 중학교 학군의 상위권평준화 현상이다.

새로운 정권의 교육정책으로 쏠림이 있는 지역 중에 한 곳이 바로 분당지역이다. 그동안에는 우수 학생들이 중학교를 분당에서 보내고, 중학교 졸업 후에 특목·자사고나 대치동 학군 쪽으로 이사를 가는 것이 일반적인 현상이었는데, 학군 재조정 이후에 이탈자는 줄어들고 유입자들이 늘어나게 되었다. 분

2016년 국가수준 학업성취도										
	분당구 (24개교)	강남구 (25개교)	서초구 (15개교)	수지구 (16개교)	양천구 (18개교)	송파구 (26개교)	노원구 (27개교)	용산구 (9개교)	강동구 (18개교)	마포구 (14개교)
1	수내중 96.3%	대왕중 97.7%	서운중 95.6%	홍천중 95.1%	목운중 96.4%	오륜중 97.2%	을지중 91.5%	용강중 90.9%	명일중 90.0%	서울여 90.9%
2	내정중 96.2%	압구정 97.6%	원촌중 94.1%	이현중 93.9%	월촌중 95.8%	잠실중 94.7%	상명중 90.2%	성심여 90.3%	한영중 87.4%	상암중 86.5%
3	구미중 96.0%	대청중 97.2%	세화여 94.0%	성복중 93.9%	신목중 95.1%	잠신중 93.1%	불암중 88.8%	한강중 83.5%	강일중 86.4%	중암중 86.4%
4	서현중 95.4%	대명중 95.3%	서일중 93.8%	정평중 92.9%	봉영여 94.1%	신천중 92.1%	중계중 87.6%	신광여 80.4%	성덕여 82.9%	숭문중 84.6%
5	이매중 94.9%	신사중 94.8%	신반포 92.7%	서원중 92.9%	목일중 93.4%	가원중 88.4%	중평중 87.1%	배문중 75.1%	성내중 82.2%	신수중 83.1%
6	백현중 94.8%	단대부 94.6%	경원중 92.1%	대덕중 92.7%	양정중 90.4%	보성중 87.8%	태랑중 86.4%	보성여 74.8%	동북중 82.0%	동도중 82.9%
7	낙원중 94.4%	역삼중 94.4%	서문여 91.5%	수지중 91.2%	목동중 87.1%	정신여 87.4%	상계중 85.6%	용산중 74.5%	신명중 80.1%	광성중 81.5%
8	양영중 93.7%	도곡중 94.3%	신동중 91.2%	죽전중 89.9%	신서중 85.5%	방산중 87.4%	노원중 85.9%	선린중 73.1%	강명중 78.7%	홍대부 78.9%
9	분당중 93.5%	구룡중 94.2%	반포중 91.1%	한빛중 89.7%	금옥중 83.6%	가락중 86.7%	상경중 85.1%	오산중 69.4%	신암중 79.2%	창천중 76.9%
10	늘푸른 93.4%	진선여 93.7%	서초중 90.4%	대지중 89.6%	영도중 81.0%	송파중 86.3%	노일중 84.6%		상일여 77.9%	성산중 75.9%
11	불곡중 93.0%	언주중 92.1%	방배중 89.7%	상현중 89.0%	강신중 79.5%	송례중 85.8%	하계중 83.2%		강동중 77.8%	성사중 74.9%
12	송림중 92.8%	숙명여 91.9%	동덕여 87.7%	손곡중 88.3%	신월중 73.9%	아주중 85.1%	녹천중 83.0%		배재중 75.5%	아현중 74.7%
13	판교중 92.7%	봉은중 90.5%	영동중 80.6%	현함중 88.3%	양동중 69.8%	문정중 83.6%	신상중 82.7%		둔촌중 74.3%	경성중 73.5%
14	정자중 92.3%	휘문중 89.9%	이수중 78.9%	성서중 87.9%	양천중 68.9%	석촌중 83.1%	상원중 81.9%		천일중 69.2%	성서중 71.1%
15	샛별중 91.5%	대치중 88.5%	어남중 78.1%	신봉중 84.6%	신남중 66.5%	풍성중 82.7%	한천중 81.3%		고덕중 69.0%	
16	신백중 91.3%	은성중 88.2%		문정중 83.3%	양강중 64.2%	거원중 82.0%	공릉중 80.9%		동신중 68.2%	
17	매송중 90.1%	개원중 87.0%			신화중 62.7%	세륜중 81.9%	수락중 80.4%		천호중 65.7%	
18	운중중 89.5%	개포중 85.9%			신원중 51.5%	일신여 81.2%	중원중 78.8%		한산중 비공개	
19	보평중 89.1%	청담중 85.6%			양서중 49.6%	문현중 79.7%	광운중 78.4%			
20	야탑중 88.2%	세곡중 84.6%				영파여 79.7%	재현중 77.4%			

당중의 학업성취도는 아래의 표에서 보여지듯이 전국 최고의 자리를 차지하고 있다.

여학생의 파워를 보여주는 분당

중학교 학업성취도에서 최고의 자리를 차지하는 분당의 특징 중에 하나는 남고가 없다는 것이다. 그러다 보니 남녀공학에서 상위권 성적을 보이는 남학생의 경우에는 내신성적이 불리하다고 여겨져 몇몇은 강남권으로 이동하는 경우가 있다. 하지만 전반적으로 분당권 하면 학군 최고의 위치를 놓치지 않고 있으며, 이러한 분당지역에서 학군의 영향을 많이 받는 지역은 수내동이다. 내정초, 내정중을 배정받을 수 있는 지역이다.

좋은 학교를 배정받기 위해 분당지역을 고려한다면 이른 시기에 이사를 가는 것이 좋다. 많은 사람들이 학군배정을 위해 이사를 오다 보니 선정방식에 거주기간이 우선시 되기 때문이다. 또한 같은 단지라 하더라도 아파트 동에 따라 학군이 나뉘기 때문에 이 점을 반드시 살펴보고 단지를 정해야 한다.

분당 내에서 20년 이상 된 노후 아파트이지만 교육 때문에 이사를 많이 오는 대표적인 전월세 강세 아파트 단지는 푸른마을 지역의 벽산, 신성, 쌍용아파트 단지, 샛별마을이다. 비교적 높은 전세가율을 가지고 있고, 정자동 지역에 비해 매매가가 낮아 똑똑한 한 채를 고려하는 투자자 입장에서는 고려해볼 수 있는 단지이다.

그동안 분당지역은 1기 신도시들의 공통사항인 재건축연한의 강화가 주택시장의 주요 화두였으나, 이제는 학군조정지역의 변화로 인하여 해당지역의 아파트를 선별하여 투자를 하는 것이 더욱더 중요한 투자포인트가 되었다.

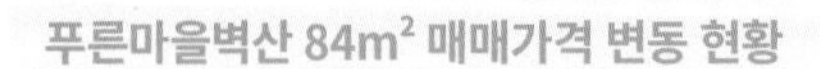

2020년 7월 기준

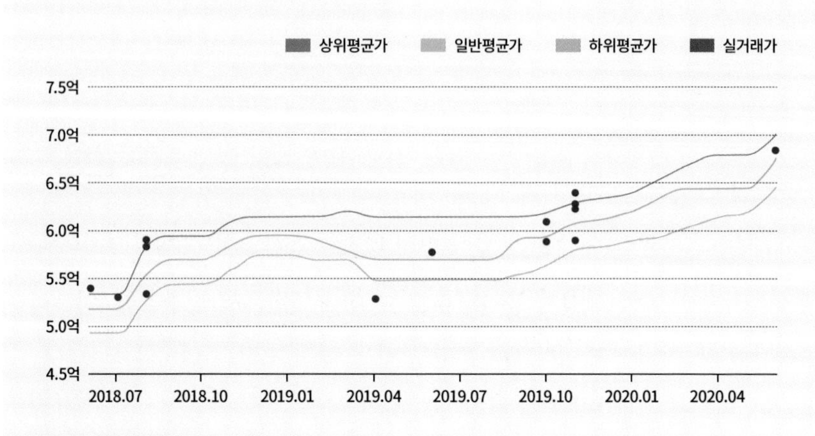

자료출처 : KB국민은행

청정 환경에 교육열이 만났다 판교 학군과 주요 단지

판교 일대는 1976년에 개발제한구역에 준하는 남단녹지로 지정되어 장기간에 걸쳐 개발이 이루어지지 못하다가 신도시 건설과 함께 도시적인 모습으로 탈바꿈하였다. 1997년 처음 개발계획이 발표된 이후, 2003년에 개발이 시작되어 2016년에 마무리가 되었다.

판교신도시는 성남시 수성구와 분당구 판교동 일대에 걸쳐 있으며 전체 면적은 약 282만 평에 달한다. 판교는 동판교와 서판교로 구분되는데, 서울방향 경부고속도로를 중심으로 오른쪽에 위치한 동판교는 지하철 등의 대중교통과 벤처단지 등으로 인하여 대형 상업시설이 모여 있는데 반해, 서판교는 금토산, 청계산이 감싸고 있어 높은 녹지율의 아파트와 고급 단독주택단지가 모여 있다.

학교의 숫자는 서로 간의 차이가 없이 유치원 2개, 초등학교 4개, 중학교 3

개, 고등학교 4개가 있다. 동판교의 용적율은 175%, 서판교 용적율은 148%이며 동판교는 중소형 평형의 아파트가 주를 이루는 반면 서판교는 중대형 평형으로 구성되어 있는 특징이 있다.

분당까지 학원 원정에도 불구하고 판교로

동판교를 대표하는 학군은 보평초와 보평중으로 입학할 수 있는 일명 보평 학군이있고, 서판교에는 낙생초, 낙원중으로 입학할 수 있는 낙생 학군이 있다. 서판교의 낙생 학군은 판교의 전통학군인 보평 학군보다 잠재력이 더 높다는 평가를 받고 있다. 보평 학군에 해당하는 아파트는 푸르지오그랑블, 봇들7·8단지휴먼시아, 봇들9단지금호어울림아파트이다. 낙원중으로 배정받을 수 있는 아파트는 휴먼시아현대힐스테이트10단지, 힐스테이트11단지, 한림풀에버9단지이다. 판교의 가격수준은 이미 송파구의 아파트 시세와 비슷하고 신분당선의 개통과 경강선 개통 등의 교통여건의 발전으로 상승의 폭이 더 있다.

중소형 평형에 비교적 적은 아파트 가격으로 판교에 진입하고자 하는 사람들에게는 한림풀에버9단지가 적합하다. 한림풀에버는 총 1,045가구, 23개동, 20층으로 구성된 단지이다. 71㎡(29평형)의 가격은 2017년 1월에 7억 원으로 거래되던 시세가 2018년 1월에는 8억 원, 2020년에는 10억 5천만 원으로 형성되어 있다. 현재의 가격 추세로는 가격상승이 더 가능하다. 다만 판교 학군의 단점으로는 학원가가 발달하지 않다 보니, 일명 부모님들의 '분당학원 라이딩'을 하는 수고를 감내해야 한다. 그럼에도 불구하고 청정 교육환경으로 이사하고자 하는 수요가 계속 있다 보니 전입률이 그 어느 곳보다 높아지고 있다.

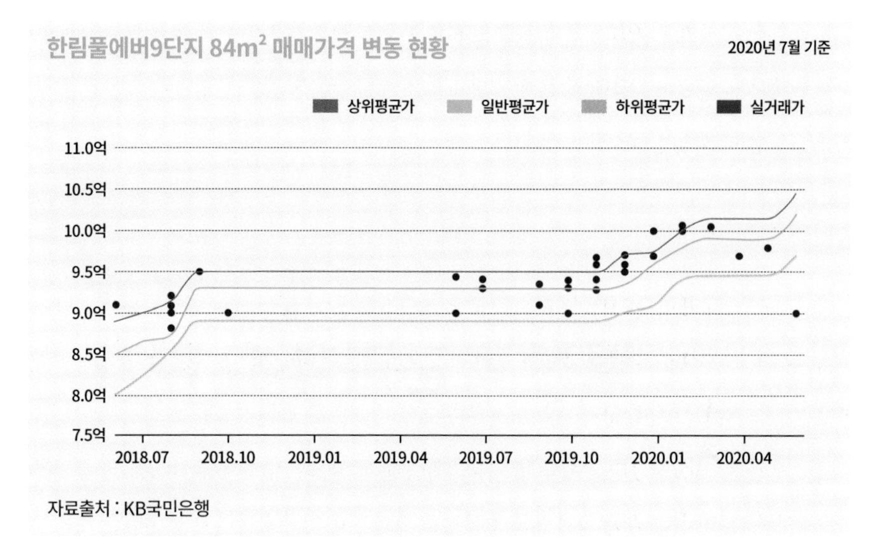
한림풀에버9단지 84m² 매매가격 변동 현황
2020년 7월 기준
상위평균가
일반평균가
하위평균가
실거래가
11.0억
10.5억
10.0억
9.5억
9.0억
8.5억
8.0억
7.5억
2018.07
2018.10
2019.01
2019.04
2019.07
2019.10
2020.01
2020.04
자료출처 : KB국민은행

교통 호재가 충분한 일산 학군과 주요 단지

1기 신도시인 일산신도시는 대부분의 신도시에 거주하는 거주민들과 마찬가지로 살기에는 더 없이 좋은 환경이라고 말하고 있다. 그럼에도 불구하고 같은 1기 신도시인 분당지역과 비교하면 상대적 가격상승폭에 대한 박탈감을 느낄 수밖에 없다. 가장 중요하게는 강남 접근성의 차이가 이러한 가격차이를 보이게 만들었다.

현재 일산지역은 지하철 3호선과 경의중앙선이 운영되고 있다. GTX 광역급행철도망이 발표되었으나 23년 개통을 목표로 하고 있어 아직까지는 아파트 가격에 영향을 미치지 않고 있다. 추후 GTX 정차역 예정지인 킨텍스 주변의 가격에 영향을 미칠 것으로 전망된다.

일산 학군은 오마 학군으로 불리는 신일산나학군지역과 학원가들이 밀집되어 있는 후곡마을 학군으로 나뉘어진다. 일산 학군은 전국에서도 최상위 학군으로 꼽히는데, 고등학교로 진학 시에는 특목고의 영향으로 인하여 타지로 많은 이동이 있다 보니 상대적으로 고등학교 학군이 떨어진다는 평가를 받았다. 그런데 최근 특목고 제도의 폐지 가능성이 높아지면서 이전의 신도시 고교학군이 부활할 것으로 예상된다.

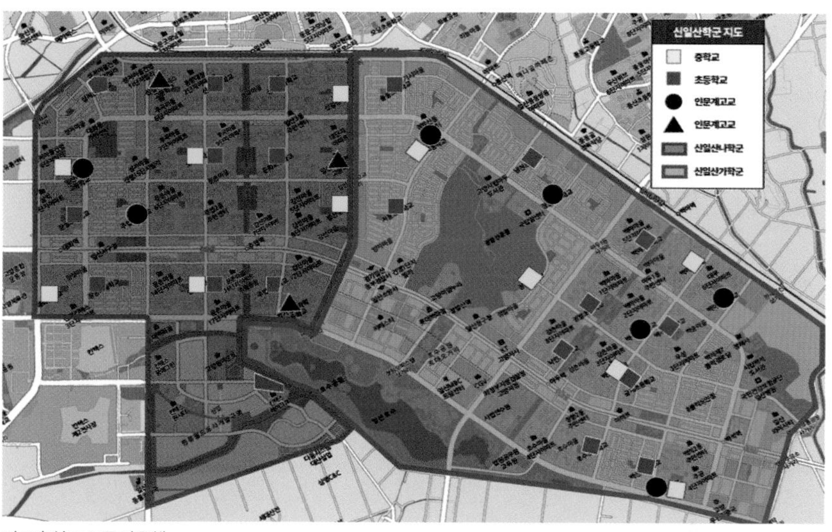

자료출처 : KB국민은행

교육 투자뿐만 아니라 부동산 투자까지

오마 학군이라 불리우는 오마중을 배정받을 수 있는 인근 아파트로는 일산서구 일산동의 후곡마을 9단지 LG롯데, 주엽동 문촌마을 3단지 우성아파트, 후곡마을 8단지 동선아파트, 문촌 2단지 라이프아파트가 해당된다. 이 아파트들은 1994년에 입주를 시작한 단지들로, 이 중 중소형 평형으로 구성되어 있는 LG·롯데아파트가 934가구로 가구수도 가장 많으면서 준더블역세권에 전세가율 80%로 일명 갭투자를 선호하는 사람들의 접근이 쉬운 단지이다. 다만 앞으로 재건축이 화두가 될 일산신도시 지역에서 LG·롯데아파트는 용적율이 182%로 높은 축에 속하기 때문에 재건축을 고려한 투자는 고민해봐야 할 단지이다.

2020년 7월 기준

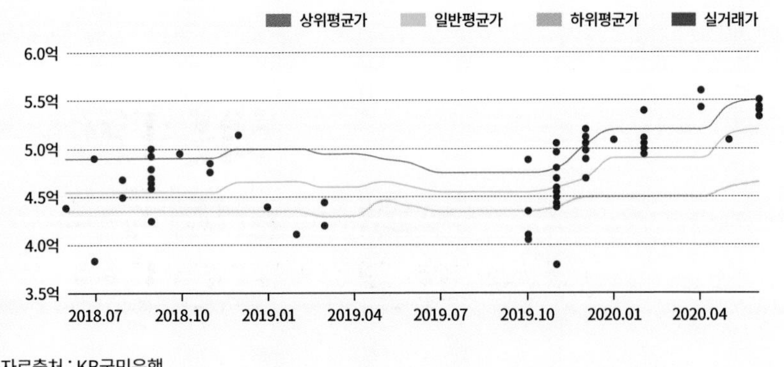

자료출처 : KB국민은행

최근 대지지분과 낮은 용적률 등을 이유로 문촌마을 7단지에 투자를 하는 사람들이 많다. 문촌마을 7단지는 3종주거단지로 1994년에 입주를 시작하였고, 용적율 129%에 1,150가구로 재건축이 가능하다. 그러나 임대아파트가 전체 가구수의 50%로서 재건축 시에는 난항이 예상되기 때문에 이를 염두에 두고 투자를 하여야 할 단지이다.

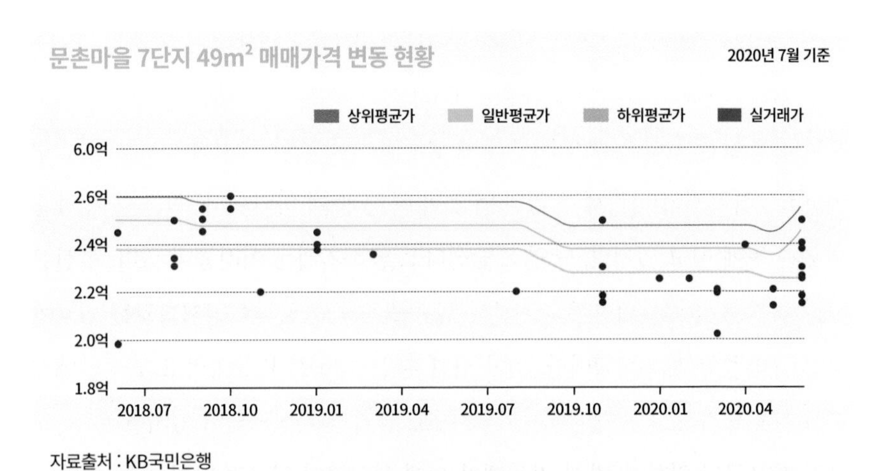

자료출처 : KB국민은행

해운대와 동래 학군에 주목 부산 학군과 주요 단지

부산은 명실상부한 대한민국 제2의 도시로 꼽히는 도시이다. 이러한 부산에서 학군이 가지는 의미는 무엇일까? 현재 부산은 지하철 1~4호선, 부산~김해 경전철, 동해선이 운영 중이나 서울 및 수도권과 달리 역세권 직주근접성이 미치는 영향이 비교적 약한 것이 특징이다.

부산은 같은 지방도시인 대구가 수성구라는 특별한 강세지역이 있는 반면에, 어느 특정지역의 강세가 없다는 것이 특징 중에 하나이다. 최근 들어 해운대구가 눈에 띄고 있지만, 단연코 앞선다고 말하기에는 어려움이 있다. 부산은 사실 특수목적 학교가 제일 먼저 시작된 곳이다. 한국과학영재학교는 전국에서도 알아주는 특수학교이다. 이와 함께 부산국제고, 부산과학고가 부산에서 가장 인지도가 높고 서울대 합격자수에도 상위권에 랭크되어 있지만, 이 학교 근처가 학군의 영향을 받아 가격대가 높게 형성되어 있다고 말할 수는 없다.

부산은 2010년부터 학교선택권을 넓히기 위하여 5개 학군으로 개편하고, 학생들의 고교선택권이 2개 학교에서 4개 학교로 넓어져 있는 상황이다. 이전 80, 90년대에는 동래구가 가장 활발한 교육 치맛바람이 불던 곳으로, 아직도 전통 학군으로서 부산지역에서는 명문학군지역으로 꼽히고 있다. 이와 더불어 양대 학군으로 새롭게 뜨는 지역은 바로 해운대구로서 학원가뿐만 아니라 센텀중을 필두로 명문학군지역으로 자리잡아 가고 있다.

교육도 제 2의 도시, 남부지방 최대의 부산 학군

동래 학군이라 불리우는 지역은 동래지역과 연제구를 중심으로 한 전통적인 지역과 거제동 법원일대의 신학군지역, 마장동과 서동일대 지역으로 구성되어 있다. 동래 학군의 특징은 남고 8개, 여고 7개, 공학 6개로 학교가 골고루 분포되어 있으며 학교들의 역사 또한 오래되어 전통명문학교로서의 자부심이 강하다는 것이다. 학군을 보고 전입한 경우도 많아 학군 외 전출을 원하지 않고 있다.

부산에서 이전부터 학원가로 밀집되던 지역은 수영구 남천동이었다. 그런데 해운대가 발전하면서 이제 학원가는 해운대구 좌동으로 이동하고 있다. 다만 서울의 유명 학원가나 대구 수성구와 비교해보면 비교적 덜 집중되어 있고 분산되어 있는 모습을 보이고 있다.

결국 새롭게 떠오르는 해운대 학군과 전통 학군인 동래 학군이 부산을 대표하는 학군지역으로 꼽을 수 있다. 해운대학군의 명문중학교인 센텀중은 더샵센텀파크1차, 2차, 벽산e-센텀클래스원 등이 위치하고 있다.

더샵센텀파크1차는 2005년 11월 입주를 시작한 총 2,752가구, 14개동으로 최고 51층, 최저 30층의 중대형으로 구성된 대단지이다.

2020년 7월 기준

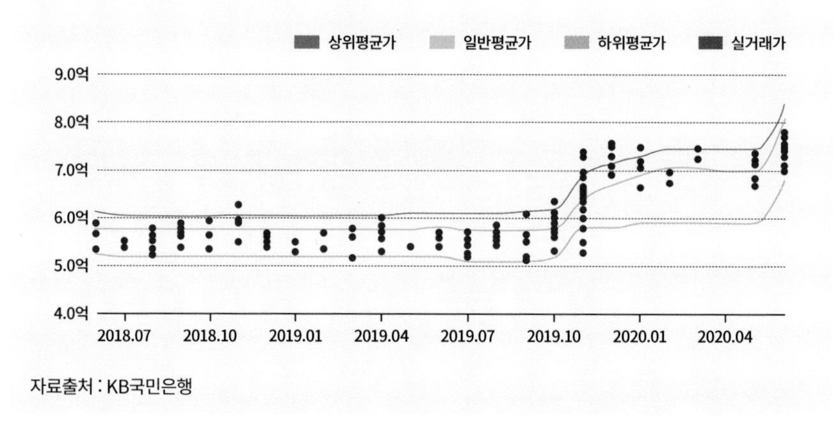

자료출처 : KB국민은행

2016년 11월, 6억 6천만 원의 최고가를 기록한 후에 2018년 3월, 약 5억 9천만 원으로 가격이 하락하였지만, 2020년에는 8억 4천만 원으로 약 2억 원의 가격상승이 있었다. 워낙 뛰어난 교육환경으로 인하여 시세조정 후에 실수요자들에 의해서 다시 가격대를 회복할 수 있는 장점을 가진 단지이다.

쾌적한 수성구에 학원이 밀집 대구 학군과 주요 단지

지방에서 가장 유명한 학군을 뽑는다면 많은 사람들이 대구지역의 수성 학군을 꼽는데 주저하지 않는다. 특히 수성구에 위치하고 있는 3개의 중학교가 두각을 나타내고 있으며 이는 아파트 가격에도 당연히 영향을 미치고 있다.

수성구에 위치한 경동초, 동도중, 정화중, 경신중에 입학을 하기 위하여 많은 학부모들이 전입을 하고 있는 현실이다. 황금동을 중심으로 반경 1km 이내에 성동초, 경북고, 대구과학고가 위치해 있고, 정화여고, 혜화여고, 대륜고, 경신고, 오성고, 대구여고 등이 모두 4km 내에 밀집되어 있다.

또한 수성구에는 범어역과 만촌역 사이에 수많은 학원들이 밀집되어 있어서 학원가를 이용하기에도 좋은 환경이다. 특히 수성구에서 많은 사람들이 관심을 가지고 있는 범어4동은 경동초에 배정을 받을 수 있는 지역으로, 특히 중학교 배정을 앞두고 전입하는 가구들이 많다는 특징을 가지고 있다.

신축과 재건축 예정 아파트, 두 개의 선택지

이곳의 특징 중 하나는 아파트들의 연도가 오래된 아파트와 신축아파트가 혼재되어 있다는 점으로, 이 중에서 2009년 2월에 입주를 한 444세대인 범어SK뷰 84㎡는 2017년 1월 평균가격이 6억 3천만 원에서 2018년 2월 7억 1천 5백만 원으로 약 8천 5백만 원 상승하였고, 2020년 9억 6천만 원으로 가격의 상승폭이 인근 타지역 대비 높은 수준이다. 이는 학군이 큰 영향을 미치고 있음을 보여주는 지표다. 이러한 학군프리미엄을 누리고 있는 아파트를 고려한다면 1988년 12월에 입주를 시작한 장원맨션을 고려하는 것도 미래가치와 더불어 학군프리미엄을 동시에 충족시킬 수 있는 전략이기도 하다. 장원맨션은 인근에 위치한 경남타운, 궁전맨션과 더불어 과거 범어동의 상징과 같은 아파트로서 자녀교육에는 최적지로 평가를 받는 아파트이다. 장원맨션은 과거 2005년에 대구지하철 2호선 개통과 부동산 상승기와 맞물려 가격이 급등했던 단지로서, 특히 2008년 금융위기에도 타 지역의 단지보다는 가격하락폭이 적었다. 그 이후에도 또 한 번 거래가의 상승이 있었던 지역으로 가격상승

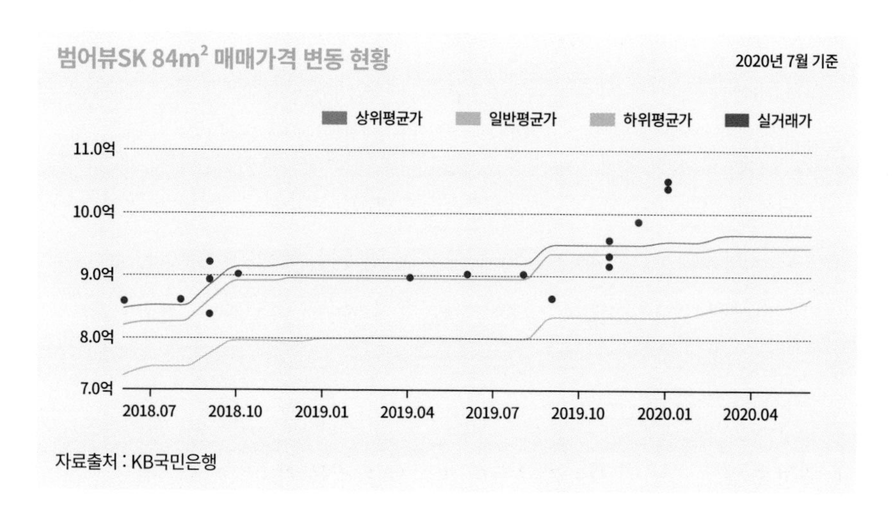

자료출처 : KB국민은행

폭이 계속 이어질 것으로 여겨진다.

관심을 가지고 이사를 계획 중인 실수요자과 투자자라면 신축에 들어갈지 아니면 경남타운, 가든하이츠 1차, 궁전맨션 등 재건축 추진 중의 아파트에 이주할지를 고려하여야 한다. 이 중에서 재건축을 추진하는 아파트는 재건축 진척도에 따라 매물들이 일제히 들어갔다 다시 나오는 것을 반복하는 특징을 가지고 있기에 시세의 변동폭을 살펴보고 입주 및 투자를 고려하여야 한다.

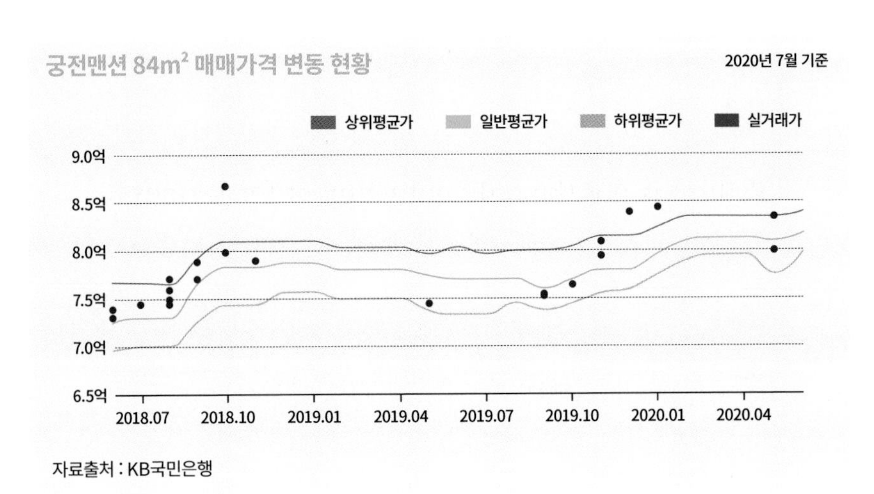

자료출처 : KB국민은행

Failure is not the only punishment for laziness;
there is also the success of others.

당신의 게으름에 대한 보복은 두 가지가 있다.
하나는 당신의 실패요, 다른 하나는 옆 사람의 성공이다.

- 쥘 르나르